Hans Jelmoli: Franz Curti.

Reprint der Erstausgabe von 1909

Herausgegeben und mit einem Anhang versehen von Christoph Münch

Bibliografische Information der Deutschen Bibliothek:
Die Deutsche Bibliothek verzeichnet diese Publikation in der Deutschen Nationalbibliografie;
detaillierte bibliografische Daten sind im Internet über dnb.d-nb.de abrufbar

IMPRESSUM
Herausgeber: Christoph Münch
Titelbild: Grabmedaillon von Franz Curti, gestaltet von Richard Daniel Fabricius für den Johannis-Friedhof Dresden-Tolkewitz, heute Fischmarkt Rapperswil.
(Foto: Christoph Münch)
Herstellung und Verlag: BoD – Books on Demand, Norderstedt
ISBN 9783756834914.

Siebenundneunzigstes Neujahrsblatt

der Allgemeinen

Musikgesellschaft in Zürich

1909.

Franz Curti.

ZÜRICH
Art. Institut Orell Füssli.

Inhalt:

Vorbemerkung.

Das diesjährige Neujahrsblatt ist dem Gedächtnis eines Künstlers gewidmet, den man, — mag auch der Ort seiner Wirksamkeit fern vom Vaterlande gewesen sein, — als einen unsrer idealsten und produktivsten schweizerischen Komponisten bezeichnen darf. Sein Werk in der reichen Gliederung mannigfacher Erscheinungen den einheimischen Musikfreunden durch eine knappe Analyse zu schildern und dadurch hier und dort vielleicht das Interesse für die ehrlichen Gaben des talentvollen Künstlers zu wecken, von denen in seiner Heimat namentlich die dramatischen Werke erst zum kleinsten, und keineswegs wertvollsten Teil bekannt sind, — dies war das Ziel meiner Arbeit.

Der musikalischen Praxis endlich sollte die erste definitive Zusammenstellung der Kompositionen Curtis dienen.

Ausser den nächsten Angehörigen des Künstlers gegenüber fühlt sich der Verfasser besonders Herrn Direktor Theodor Curti (Frankfurt a. Main), sodann auch Herrn Musikverleger J. Günther (Dresden) für wertvolle Unterstützung zu wärmstem Dank verpflichtet.

Zürich, 1. Dezember 1908.

Hans Jelmoli.

Des Komponisten Lebenslauf.

Dem anmutigen Rapperswil am Züricher See waren von jeher die Musen hold: hier lebte Greith, der Komponist des Rütliliedes, sein Neffe, der Autor kirchlicher Werke; der aus dem benachbarten Lachen gebürtige Joachim Raff wirkte vor seiner Frankfurter Periode hier als Lehrer, und hier auch war es, wo unser Komponist seine Jugendzeit verbrachte. Die Familie Curti stammte ursprünglich aus Mailand. Aus der lombardischen Hauptstadt berief sie der Magistrat 1665 nach Rapperswil, „um neuwe Handelschafft anher zu bringen" (gemeint war der Seidenhandel). Die meisten männlichen Glieder der geistig regsamen und tätigen Familie aber wandten sich in späteren Zeiten dem medizinischen oder juristischen Studium zu. Welch geachtete Stellung die Curtis in der Rosenstadt einnahmen, erhellt daraus, dass der Ahnherr unseres Komponisten, Franz Joseph Curti (1798), der letzte Schultheiss von Rapperswil war. Das juristische Studium hatte auch Anton Curti, der Vater des Tonkünstlers, zunächst ergriffen. Bald aber trieb ihn seine hohe musikalische Begabung zur Bühne, und wir treffen ihn als kurfürstlich hessischen Opernsänger in Cassel. Dort wirkte er bis zu seiner nach der Annexion Hessen-Cassels erfolgenden Pensionierung. In späteren Jahren unternahm er einmal eine Tournée in die Schweiz mit einem Männerquartett, dessen Vorträge hauptsächlich das Volkslied berücksichtigten.

In Cassel erblickte denn auch Franz Curti am 16. November 1854 das Licht der Welt. Seine ersten musikalischen Eindrücke aber, die für sein ganzes Leben bestimmend waren, empfing der Knabe in Rapperswil. Der Oheim des Knaben, Sanitätsrat Dr. Alexander Curti, in dessen Hause Franz Curti aufwuchs, gehörte dem Vorstand der Cäciliengesellschaft an und war ein eifriger Violinspieler. Dr. Karl Attenhofer und Musikdirektor G. Surläuly leiteten den Unterricht des jungen Kunstbeflissenen im Klavier- und Violinspiel und förderten die musikalische Begabung Franz Curtis mit bestem Erfolg. Da unser Komponist ausserdem die Gabe einer schönen Stimme besass, konnte er sich bald an den musikalischen Aufführungen in der Kirche wie in der Schule beteiligen und wurde häufig mit der ehrenvollen Aufgabe einer Solopartie betraut. Wir

dürfen wohl hierin einen Hauptgrund für die hohe Sangbarkeit seiner Vokal-
werke und die Bevorzugung des vokalen Organismus dem instrumentalen gegenüber
in seinen Schöpfungen erblicken. Nach dem Abschluss der Primarklassen bezog
er das Gymnasium in Fribourg. Einen vortrefflichen Orgellehrer fand er dort
in der Person Professor Vogts, so dass auch hier seine musikalische Bildung
um ein tüchtiges Stück erweitert wurde. Als im Jahre 1871 unter den Angehörigen der Bourbakischen Armee in Fribourg der Typhus ausbrach und die
Seuche eine weitere Verbreitung zu nehmen drohte, flüchtete der siebenzehn-
jährige Jüngling nach Dresden. Im selben Jahre starb der Oheim Curtis in
Rapperswil und bedachte seinen Neffen im Testament mit einer Summe von
40,000 Fr. Die Eltern gaben den Wohnsitz in Deutschland auf und bezogen
das verwaiste Haus in Rapperswil. Franz begab sich nach St. Gallen, um an
der dortigen Kantonsschule seine Gymnasialstudien zum Abschluss zu bringen.
Seit einiger Zeit schon hatte er das Studium der Medizin ins Auge gefasst.
Zunächst beabsichtigte Curti, dem Beispiel seines Oheims und Wohltäters folgend,
sich der Ophthalmologie zu widmen; in St. Gallen nun hatte er Gelegenheit,
bei Dr. Locher, einem gesuchten Zahnarzt, häufig zu assistieren und sich mit
diesem Gebiet der Heilkunst zu befreunden. Bestimmend für seine Wahl darf
man den Umstand einschätzen, dass der Beruf des Zahnarztes als Brotstudium
— denn um ein solches handelte es sich bei dem musikbegeisterten Jüngling —
aussichtsreicher und lohnender erschien, als die Tätigkeit eines Augenarztes. In
St. Gallen auch war es, wo Curti dem Theater zum erstenmal näher trat und
seine Phantasie durch den geheimnisvollen Zauber der Bretter, welche die Welt
bedeuten, mächtige Anregung empfing.

War der Knabe schon von äusserst zarter Konstitution gewesen, so bewirkte
nun die Anstrengung der Studien eine schmerzliche Reaktion: Curtis angegriffene
Lunge gebot dringend einen Aufenthalt in südlichen Regionen. San Remo verschaffte dem Leidenden die ersehnte Heilung. Italienische Opernvorstellungen
waren in dieser trüben Zeit die anregenden Lichtpunkte.

Endlich konnte der junge Mediziner die Universität beziehen. Ein zwei-
jähriges Studium in Berlin verschaffte ihm reiche Kenntnisse. Auch in künstlerischer Beziehung mag ihm die deutsche Hauptstadt kräftige Impulse gegeben
haben, deren Wirkungen freilich in der unmittelbar darauf folgenden Periode
seines Lebens noch nicht zum Vorschein gelangten. Im Frühjahr 1878 fasst
er den Plan, durch einen Aufenthalt in Nordamerika die vielgerühmte Tüchtigkeit der amerikanischen Dentisten zu erwerben, und schifft sich in Hamburg
ein. Ein ausserordentlich heftiger Anfall von Seekrankheit bewegt ihn, sein

Vorhaben aufzugeben. Er verlässt in Havre den Dampfer, fährt nach Paris, wo der Jahrmarkt der Weltausstellung sein Interesse erregt, und sucht seinen Bruder in Lausanne auf. Hier entstand auch das erste Werk, eine Rêverie. An der Genfer Universität vollendet er seine Studien und besteht das Staatsexamen.

Mittlerweile waren die Eltern von Rapperswil nach Dresden gezogen. So erscheint es begreiflich, dass der junge Zahnarzt seine Tätigkeit ebenfalls in die sächsische Hauptstadt verlegt. Seine Tüchtigkeit im Verein mit einer äusserst gewinnenden Liebenswürdigkeit verschafften dem „dentiste suisse", wie er sich nannte, regen Zulauf, so dass er bald über eine stattliche Praxis verfügte, unter der die elegante Damenwelt nicht den geringsten Teil ausmachte. Es ist nun psychologisch überaus interessant zu sehen, mit welch elementarer Macht die Liebe zur Musik und das Streben nach kompositorischer Betätigung in seiner Seele erwachte, da er im praktischen Leben sein Ziel erreicht hatte und der äusseren Sorgen für die nächsten Jahre enthoben war. Der Erfolg, den ein kleines Vokalquartett zu Versen seines Vaters „Wenn ich wär' der Mondenschein" (op. 2, No. 2) in musikalischen Kreisen errang, bewog ihn, theoretische und kontrapunktische Studien in gründlichster Weise und unter fachkundigster Leitung zu betreiben.

Edmund Kretschmer hatte an ihm den eifrigsten und dankbarsten Schüler. Seine späteren Studien leitete Heinrich Schulz-Beuthen. Lieder und Männerchöre in reicher Zahl entstammen dieser Schaffensperiode des Komponisten.

In dieser Zeit fasste Curti eine tiefe Neigung zu Fräulein Eugenie von Bötticher, der Tochter eines Dresdener Kunsthändlers. Die innige Liebe der beiden jungen Menschen vermochte den anfänglichen Widerstand des Vaters der Dame zu besiegen, und nach kurzer Zeit durfte Franz Curti die Geliebte als Gattin heimführen. Die Ehe der beiden war ein Zusammenklang von reinster Harmonie. Wie der Gatte in der warmen Herzlichkeit des Heims stets wieder neue befruchtende Keime für seine künstlerische Phantasie entdeckte, so nahm die edle, von idealer Spannkraft beflügelte Seele der Gattin den innerlichsten Anteil an dem Schaffen des Künstlers.

Ein deutliches Merkmal dieses inneren Wachsens der Individualität Curtis bildet die Kantate „Die Gletscherjungfrau". Margarete Wittich, eine Freundin von Curtis Gattin, hatte das Libretto nach einer Schweizersage verfasst. Die Komposition für Soli, Chor und Orchester fand bei ihrer Première vor geladenem Publikum (1882) eine so günstige Aufnahme, dass sich das angesehene Verlagshaus von Kistner in Leipzig sogleich um das Werk bewarb. Die zahlreichen dramatischen Partien des Werkes bestimmten Curti späterhin, dẹn Versuch einer szenischen Aufführung damit zu machen. Das Experiment wurde am Hoftheater in Altenburg gewagt, doch vermochten selbst eingreifende Änderungen dem Werk auf der Bühne kein Heimatrecht zu verschaffen.

Hatte Curti in der „Gletscherjungfrau" Schild und Schwert des Dramatikers prüfend versucht, so erscheint der Komponist in der grossen Oper „Hertha" mit der vollen Rüstung des Theatermusikers bewehrt. Das Libretto stammte wiederum aus Margarete Wittichs Feder. Ein grosser Teil der Musik entstand bei einem Besuch Curtis auf dem Schauplatz der Oper, der sagenumsponnenen Insel Rügen und ihrem stillen Herthasee. Die Première der Oper am Hoftheater von Altenburg trug dem Komponisten neben einem grossen Erfolg die goldene Medaille für Kunst und Wissenschaft ein. Dadurch bezeugte Herzog Ernst zu Sachsen-Altenburg für die Dedikation des Werkes seinen fürstlichen Dank. Später eroberte sich „Hertha" noch die Bühnen von Augsburg, Königsberg, Chemnitz, Danzig (1889), Koblenz (1900). Am 10. November desselben Jahres gelangte Curtis Schauspielmusik zur „Semele" zur Feier von Schillers Geburtstag ebenfalls am Hoftheater in Altenburg zur ersten Aufführung. Die Handlung seiner nächsten Oper, des „Reinhard von Ufenau", verlegte der Komponist in der Erinnerung an die Poesie der Jugendzeit in die schweizerische Heimat, nach Rapperswil und seiner träumerischen Nachbarin, der Insel Ufenau. Allein seine langjährige Mitarbeiterin hatte in der Erfindung und Gestaltung des Stoffes eine wenig glückliche Hand, so dass die am 18. Februar 1889 im Züricher Stadttheater unter Lothar Kempters Leitung veranstaltete Première der Oper nur in musikalischer Hinsicht zu interessieren vermochte. Die Enttäuschung über das Schicksal seines Werkes, das zugleich seine Einführung in das Musikleben der Heimat hätte bedeuten sollen, veranlasste ihn, die Oper zurückzuziehen, so dass keine andere Bühne Gelegenheit erhielt, das Urteil der Züricher Hörer nachzuprüfen.

In das darauffolgende Jahr fällt die Komposition der Musik zu Wolfgang Kirchbachs Bühnenmärchen „Die letzten Menschen".

Danebenher ging eine rege Produktion auf dem Gebiet des Männerchors. Seine Chöre wurden vermöge ihrer hohen Sangbarkeit und spontanen Wirkung auf das Auditorium immer häufiger von grösseren Vereinen als Wettgesänge gewählt. Oft ersuchte man den Komponisten, das Preisrichteramt an Gesangfesten zu übernehmen, und mit Freuden leistete Curti, meist begleitet von seiner treuen Gattin, deren Anwesenheit er bei solchen Gelegenheiten nicht missen mochte, jeweilen der Einladung Folge. Sein vortreffliches Gehör, vereint mit einer sorgfältigen gesanglichen Ausbildung befähigten ihn zu solchen Aufgaben ganz besonders.

Das umfangreichste Werk Curtis für Männerchor, Schillers „Schlacht" (mit Soli und Orchester), erlebte am 1. Oktober 1894 seine Uraufführung in Crefeld; der Dresdener Lehrergesangverein nahm die gross konzipierte Schöpfung kurz nachher in sein Repertoire auf.

Unter der Einwirkung des Verismus entstand die einaktige Oper „Erlöst", die im Frühjahr 1895 am Mannheimer Hoftheater unter der Direktion von Hugo Röhr und mit den Damen Heindl, Sorger und den Herren Ernst Kraus, Rüdiger in den ersten Partien über die Bretter ging. Das ergreifende Werk, dessen Première man seltsamerweise mit dem Gastspiel einer Serpentintänzerin zusammengekoppelt hatte, brachte durch das Quälende des von Margarete Vollhart-Wittich erfundenen Konflikts, einen deprimierenden Eindruck hervor, mit dem alle Kunst des Komponisten nicht zu versöhnen vermochte.

Am 20. September desselben Jahres fand Curtis Musik zu Holger Drachmanns Drama „Schneefrid" ebenfalls am Mannheimer Hoftheater reiche Anerkennung.

Den ersehnten vollen Theatererfolg erzielte endlich im nächsten Jahr der zu Wolfgang Kirchbachs geschicktem und bühnengerechtem Libretto geschriebene japanische Einakter „Lili-Tsee". Die naive Heiterkeit des Vorwurfs, die ohne kräftige Komik zu erstreben alles in die Atmosphäre der Idylle taucht, fand in Curtis sorgfältiger und geschmackvoller Partitur die reizendste Ergänzung. Eine besondere Genugtuung empfand der Komponist, als das Dresdener Hoftheater „Lili-Tsee" zur Aufführung annahm und seine besten Kräfte (Lili-Tsee, Erica Wedekind, Ming-Ming, Scheidemantel, Kiki-Tsum, Georg Anthes) unter der herrlichen Leitung Schuchs dafür in das siegreiche Treffen sandte. Denn Franz Curti hatte es nicht leicht, sich in der sächsischen Hauptstadt durchzusetzen. Manche zünftige Musiker sahen nur den Zahnarzt in ihm und brachten es nicht über sich, seine Kompositionen unbefangen und richtig einzuschätzen. So wurden, um nur ein Beispiel zu erwähnen, seiner Aufnahme in den Tonkünstlerverein Schwierigkeiten entgegengesetzt. Solche Vorkommnisse mussten auf den feinen Künstler, dessen Bescheidenheit ihm die Waffe des Sarkasmus versagte, ganz besonders peinlich und verletzend einwirken.

Breitkopf und Härtel nahmen „Lili-Tsee" in ihren Verlag auf. Den Aufführungen in Mannheim und Frankfurt folgten, da eine englische Übersetzung besorgt wurde, solche in New York, wo Lili-Tsee über dreissig volle Häuser erzielte. Die vorgesehene Tournée der Oper in den Nordstaaten vereitelte leider der Ausbruch des amerikanisch-spanischen Krieges.

Auch die königliche Oper in Stockholm interessierte sich für das Werk und kaufte es an. Doch kam eine Aufführung aus mir unbekannten Gründen dort nicht zustande.

Das sicherste Fundament für Curtis rastlose kompositorische Tätigkeit bildete sein glückliches Familienleben. Zwei Knaben und zwei Mädchen waren ihm geschenkt worden, die alle mit der zärtlichsten Liebe am Vater hingen. In Loschwitz hatte der Vater Curtis ein hübsches Landhaus erworben, wo die Familie den Sommer zu verbringen pflegte. Man fragt sich verwundert, wie Curti neben seiner anstrengenden zahnärztlichen Wirksamkeit die Zeit für all seine Werke finden konnte. Es scheint eben, dass er jeden freien Moment der geliebten Musik gewidmet hat. Dabei produzierte er ungemein rasch; so soll er den Chor „Den Toten vom Iltis" zwischen Mittagessen und Nachmittagskaffee geschrieben haben. Auch blieb er beim Komponieren vom Klavier vollständig unabhängig. Oft ward eine knappe Viertelstunde zwischen der Behandlung zweier Patienten dazu benutzt, am Schreibtisch an irgendeiner Partitur zu arbeiten. Dabei erfüllte ihn das musikalische Ideal so stark, dass akustische Störungen keine Macht über ihn hatten. Wenn die Kinder im selben Zimmer spielten und sangen, brachte er es fertig, inmitten des Trubels zu instrumentieren. Welch ungeheure Energie und Arbeitskraft beweist dieser kleine Charakterzug!

Ausser der Familie pflegte Franz Curti nur wenig der Geselligkeit. Doch war er ein treues Mitglied der Freimaurerloge. Als Kind in den Übungen der katholischen Religion aufgewachsen, fühlte er sich später zu einer weniger dogmatischen Auffassung hingezogen und liess seine Kinder nach ihres Grossvaters Tode protestantisch konfirmieren. In dem „Symposion", einem Freundeskreise, dem unter andern Wolfgang Kirchbach, Ernst Eckstein, Wilhelm Wolters, Günther Walling angehörten, fand er Anregung und heitere Geselligkeit.

In das Jahr 1897 fällt eine Schweizerreise, die er gemeinsam mit seiner Gattin unternahm, wobei das Säntisgebiet besucht wurde. Zu jener Zeit arbeitete der Komponist lebhaft an der Dichtung und Musik seines „Rösli vom Säntis", und es mochte ihm besondere Freude bereiten, die durchwanderte Landschaft im Geiste mit den Geschöpfen seiner Phantasie zu beleben. Es sollten die letzten Tage ungetrübten Genusses für ihn sein. Gleich als ahnte er die nahende Stunde des Abschieds, so fieberhaft arbeitete er an der Partitur des Rösli. Eine Erkrankung, die er sich um Neujahr 1898 bei der gärtnerischen

Tätigkeit auf seinem Landgut zuzog, liess das alte Lungenleiden von neuem und verschlimmert auftreten. Vergebens pflegte ihn seine Gemahlin mit aufopfernder Liebe, vergebens hoffte er, zu der bevorstehenden Erstaufführung des „Rösli vom Säntis" am Zürcher Stadttheater reisen zu können, in der Nacht vom 5. zum 6. Februar entschlief Franz Curti, nachdem er noch tags zuvor, im Gefühl einer vermeintlichen Besserung, einige Stunden am Schreibtisch zugebracht und seinen Freund Professor Brandes, den Dirigenten des Lehrergesangvereins, empfangen hatte.

Am 10. Februar 1898 ward Franz Curti auf dem Tolkewitzer Friedhof unter der regen Teilnahme der künstlerischen Kreise Dresdens zur letzten Ruhe gebettet. Ein Jahr später fand die Enthüllung eines Denkmals statt, das auf einem Meissner Granitblock ein Bronzemedaillon mit dem schönen Haupte Curtis zeigt. Zu seinen Ehren erhielt eine Strasse in Loschwitz die Bezeichnung Franz Curtistrasse.

Am Tag nach der Beerdigung ging in Zürich, von einem stimmungsvollen Prolog Dr. Friedrich Rohrers eingeleitet, den die Heroine Wilhelmine Brandes mit dem rührenden Klang ihres den Zürchern unvergesslichen Organes sprach, „Das Rösli vom Säntis" mit grossem und nachhaltigem Erfolg — die Vorstellung erlebte in jener Saison noch vier Wiederholungen — in Szene. Lothar Kempter dirigierte, die Regie lag in Adolf Uttners Händen, und von den Solisten standen Fräulein Seiffert (Rösli) und die Herren Schlitzer (Franz) und Fitzau (Jörn) im Vordergrund des Interesses.

Später folgte Bern mit einigen Aufführungen, und in neuerer Zeit eine Reprise in Zürich am 8. Dezember 1906.

Curtis Werke für Männerchor.

Das Feld des Männerchors hat Franz Curti in einer äusserst fruchtbaren und erfolgreichen Weise bebaut. Von der dramatisch konzipierten, gewaltig gesteigerten Ballade bis zum einfachen, treuherzigen Volkslied finden wir in seinem Werk jede Gattung vertreten. Es würde uns zu weit führen und den dieser Arbeit gesetzten Rahmen weit überschreiten, wenn wir, den Entwicklungsgang des Künstlers verfolgend, jeden einzelnen Chor zur Würdigung heranziehen wollten. Wir behandeln den mannigfaltigen Stoff vielmehr in einer von der chronologischen Reihenfolge absehenden Einteilung nach Form und Bedeutung.

Das umfangreichste Werk für Männerchor, zugleich das einzige mit Orchester-begleitung in Curtis Schaffen, stellt die Vertonung der Schillerschen „Schlacht" dar. Als „dramatisches Chorwerk" hat der Komponist sie bezeichnet und zu dem vierstimmigen Chor und dem sekundierenden Instrumentalkörper schreibt er ausser vier Solisten (Sopran, Tenor, Bariton, Bass) einen Halbchor von acht beziehungsweise sechzehn Solobässen vor. In schwülem Fis-moll beginnt die orchestrale Einleitung, der sich die Schilderung des Marsches im Unisono-Pianissimo des Chores anschliesst. Von einer ausdrucksvollen Phrase der Celli eingeführt, besingt der Solotenor in einer begeisterten G-dur-Cantilene, der sich im weitern sowohl die übrigen Solisten als auch der ganze Chor anschliessen, den Anblick des feindlichen Heeres. Dem Halbchor wird das feierliche Gebet in C-dur „Gott befohlen Brüder" zugeteilt, während der Chor und die Solisten das obenerwähnte Thema weiter durchführen und zu glänzendem Abschluss bringen. Nun folgen in raschem Wechsel eine Reihe realistischer Kampfszenen, die durch geschickte Ausnützung der einzelnen Faktoren und die Kraft der Deklamation ein sehr anschauliches Bild des Getümmels geben. Die G-moll-Stelle „die Sonne löscht aus" knüpft wieder an den Beginn des Werkes an; noch einmal erhebt sich das leidenschaftliche Ringen. Dann bereiten die Celli in schmerzlichem Solo die mit feiner poetischer Wirkung und ergreifender Zart-heit behandelte Abschiedsszene „und auch du, Franz?" — „Grüsse mein Lott-chen Freund," wo ohne Alterierung des Dichterwortes die knappe Episode zur rührenden Szene ausgebaut wird, deren Stimmung der sanfte B-dur-Chor schön weiterspinnt. Nach den unruhvollen Vorgängen des Werkes bringt der zum Finale überleitende, im Marschtempo gesetzte Chor „entschieden ist die scharfe Schlacht" mit dem wirksamen Sopransolo und der rhythmischen Eindringlichkeit der punktierten Hurrah eine erwünschte Konstanz der Stimmung, die dem packenden Gemälde den schönsten Abschluss sichert.

Der Komponist hat mit aussergewöhnlicher Energie an diesem Werke gearbeitet. Das Wort Lessings: „Nur die Sache ist verloren, die man aufgibt" auf der ersten Seite der Partitur scheint darauf hinzuweisen, dass Curti über den Gehalt des Schillerschen Gedichtes hinaussinnend, an den Kampf um das Ideal, an das heisse Ringen auf der Wahlstatt der Kunst gedacht hat, wo so viele als Opfer fallen, die das gelobte Land nur von ferne sahen.

Die grosse durchkomponierte a capella-Ballade für Männerchor finden wir bei Curti doppelt vertreten. In geradezu vorbildlicher Weise in der Komposition von Uhlands allbekannter Ballade „Des Sängers Fluch". In fernem As-moll beginnen die Tenöre unisono mit einem vieraktigen Thema, das den mächtigen

Raum einer Undecim durchläuft und durch eine zweimalige Sechzehntelbewegung angemessen gegliedert ist. Zu der nachfolgenden zarten Schilderung der Gärten tritt im zweiten Bass das Eingangsmotiv als Charakteristik des finstern Königs, dessen Wesen in chromatischen Gängen gemalt wird. Ein schlichter Fis-dur-Teil behandelt in ruhiger Epik den Einzug der beiden Sänger. Mit diesen beiden Themen wird nun im wesentlichen der Aufbau der Ballade bestritten. Besonders charakteristisch wirkt das erste in der Coda, wo es im ersten Bass über der leeren D-moll-Quint des geteilten zweiten Basses erscheint. Einen Beweis dafür, wie es Curti stets mehr darauf ankam, den Gehalt der Situation herauszuarbeiten, als in der Deklamation besonders rücksichtsvoll und bedacht zu sein, finden wir in der allerdings ausserordentlich dramatisch wirkenden Stelle: „Doch vor dem hohen Tore", wo durchwegs der Akzent auf der ersten Silbe des Verses ruht. Der Komponist mag gefühlt haben, wie monoton der beständige Auftakt das ganze Werk hindurch für den Hörer werden müsste.

In ungleich knapperen Dimensionen bewegt sich die „Elfe", eine Ballade von Edmund Dorer. Herr Magnus, den die Braut zum Hochzeitsmahl erwartet, wird von der Elfe am Kreuzweg zur Liebe verlockt; seine Braut findet ihn am nächsten Morgen tot im Schnee. In diesem Stück arbeitet Curti mit einem einzigen Thema, wenn wir von einigen Überleitungen und episodischen Stellen absehen. Eine viertaktige Periode, durch die Synkope am Beginn des ersten und zweiten Taktes von ausgeprägter Rhythmik, erscheint es zunächst im Unisono des Gesamtchores, späterhin bei dem Elfenlied abwechselnd im zweiten und ersten Bass stufenweise aufwärtssteigend in dreimaliger Sequenz, wobei sich die Tenöre auf dem jeweils gewonnenen Orgelpunkt in weicher melodischer Phrase ausbreiten. Der spukhafte Charakter des ganzen ist durch die äusserst geschickte Stimmenverteilung und ein häufiges Stakkato meisterhaft getroffen. Dabei verhindert die scharfe Linie des Hauptthemas, dass einzelne Details in der Behandlung zu sehr hervortreten und die Einheitlichkeit der concisen Epik gefährden.

Einige kleinere Chöre, deren Gestaltung balladeske Züge zeigen, seien gleich in diesem Zusammenhang erwähnt. Da ist zunächst „Im Sturm" (E. H. Jahn) ein lebhafter G-moll-Satz von temperamentvoller Kraft, dem eine zarte Fis-dur-Episode als einschmeichelnder Antagonist dient. Die Anlage des Werkes bleibt dabei eine vorwiegend homophone. In Carmen Sylvas „Ein Sohn fürs Vaterland", jenem ernsten Bild aus Kriegszeiten, wo das Knäblein auf dem Arm der fliehenden Mutter als erstes Opfer der Schlacht fällt, trägt die Behandlung der Stimmen fast instrumentalen Charakter. Das Motiv des

Imitationssatzes ist von geringer Sangbarkeit. Dafür setzt sich das erzählende Thema in halben Noten sehr schön gegen das in der Art eines ostinato in den unteren und mittleren Stimmen (der Chor ist häufig fünf-, ja sechsfach geteilt) fortgeführte Eingangsmotiv durch. In der zweiten Hälfte des Chores soll das wiederholte tiefe G der Bässe fernen Kanonendonner wiedergeben, während die Tenöre die von Curti zugefügten Worte „O Mutter" in der Art eines Rezitativs deklamieren. Bei einer Aufführung muss der Dirigent den Chor unbedingt tiefer transponieren, denn das geforderte hohe C im Fortissimo mit einer dazu völlig unbegründeten Fermate werden selbst die besten Gesangvereine nicht ausführen können.

Einen balladesken Einschlag besitzt auch, trotz der Hurrahstimmung der Einleitung und des Schlusses, der Chor „den Toten vom Iltis" (Gedicht von Albert Mattaei), an dessen ungewöhnlicher Popularität in Deutschland natürlich der patriotische Vorwurf starken Anteil hatte. Doch bleibt es des Komponisten Verdienst, die ernsten Partien in einer einfachen, würdigen Art vertont und der Apotheose einen Zug von Grösse gegeben zu haben.

Durch die originelle Art der Besetzung fesseln zwei Chöre aus der Zahl der übrigen unsere Aufmerksamkeit. Martin Greifs „Die Nacht", ein klangschönes G-dur-Notturno hat Curti für fünfstimmigen Chor geschrieben, wobei sich der erste Bass in obligater Weise bewegt, ohne eigentlich solistisch hervorzutreten. Dadurch entstand ein akustischer Effekt von eigentümlich gesättigter Wirkung, ohne dass man von einem besonders originellen motivischen Einfall sprechen könnte. In dem Mittelsatz des von jugendlicher Begeisterung getragenen Chores „Zweifacher Frühling" (A. Muth) tritt zu dem vierstimmigen Chor ein Soloquartett, das alternierend mit dem Gesamtkörper erwünschte Abwechslung in das rhythmisch allzu gleichförmig gezeichnete Klangbild bringt.

Unter den kleineren Chören überwiegen die Strophenlieder weitaus. Doch finden wir auch Abweichungen von dem einfachen Schema. Eine der hübschesten ist der Chor „Wolken hast du wie der Himmel" (aus dem Spanischen von Edmund Dorer). Das Thema läuft hier in anmutigem Wechsel durch alle vier Stimmen. Das Bild der launischen Mädchenseele erfährt durch den kapriziösen Rhythmus und den originellen F-dur-Schluss (der Chor geht aus Es-dur) eine gelungene Illustration. Voll Laune ist auch das zwischen A-moll und A-dur schwankende, einen schönen Fis-dur-Mittelsatz einschliessende Stück „Wanderers Liebe" (Georg Irrgang). Hier schlägt Curti mit Glück eine humoristische Saite von echter Resonanz an, die seinen übrigen heiteren Schöpfungen meist abgeht.

Volle Treffer bedeuten die kleinen lyrischen Stücke, von denen das sentimentale „O sag nicht nein, wenn ich dich frage" und das schlichte „O Elslein" (L. Senfl) genannt seien.

Einen Schlager im guten Sinne des Wortes darf man auch den von Friedrich Brandes aus dem Nachlass herausgegebenen Chor „Mein ist die Welt" (Gersdorff) nennen, dessen Wirkung im Konzertsaal von explosiver Gewalt ist.

Die Gletscherjungfrau.

Dieses Werk nimmt eine Sonderstellung unter Curtis Geisteskindern ein. Der äusseren Form nach der Kunstgattung der Cantate angehörend, enthält es eine ganze Reihe Partien von ausgesprochen opernhaftem Charakter, die uns Curtis spätere eifrige Betätigung auf dem Gebiet des Musikdramas als eine natürliche Entwicklungsstufe seiner Begabung erscheinen lassen.

„Eine Schweizersage" betitelt Margarete Wittich die Dichtung. Sie führt uns ins Mittelalter und zeigt uns Herrn Wulfried, der auszieht, die Liebe der Gletscherjungfrau zu erringen, mit deren Gunst ein grauser Fluch verknüpft ist: wer sie küsst, der stürzt in den Abgrund. Doch dem Kühnen gelingt sein gewagtes Unternehmen. Die Jungfrau erwidert seine Liebe, er soll dem Fluche nicht verfallen sein, „doch wird ein irdisch Weib dich lieben, dann kehr' ich wieder, dann bist du mein." Als ihn nun später eine keusche Liebe zu der reinen Walburg erfasst („ein neues Lied weckt ihn zu neuer Lebenslust") und er in tiefer Reue den Mönchen des Klosters sein Erlebnis mit der Gletscherfee gesteht, wenden sich diese von dem Sünder ab und künden ihm ewige Verdammnis. Wie nun die Fee erscheint und ihn zurückruft, widersteht er ihrem Flehen und findet in Walburg eine Liebe, die über den Tod hinaus zu ihm hält.

Eine gewisse Parallelität mit der Handlung des Tannhäuser ist unverkennbar; sie erstreckt sich nicht nur auf die psychologische Entwicklung des Helden, sondern tritt auch namentlich in dem durch das Erscheinen der Mönche bedingten frommen Grundton des zweiten Teils zutage.

Das Vorspiel verbindet in loser Form die Hauptnummern des Werkes, so den frischen Jagdchor der ersten Szene, das den Bässen zugeteilte geheimnisvolle Motiv der Gletscherjungfrau, den zarten Geisterchor und das schön gesteigerte Finale.

Ein ungemein anmutiger, dreistimmiger Frauenchor „der Frühling kam herab zur Erde", dessen liebliches Thema zunächst der erste Sopran allein bringt, und dem ein Triosätzchen in A-moll für drei Solostimmen eingefügt ist, eröffnet den ersten Teil. Die knappen, erzählenden Partien des Werkes werden dem Bariton übertragen, auch sie sind meist in arioser Form gehalten. Wulfrieds Legende von der Fee, der körperlose Geisterchor für 4 Frauenstimmen „Herbei ihr Gestalten aus Wolken und Luft" und das von schöner Melodik und dramatischer Kraft erfüllte Duett „Strafe mich, zu deinen Füssen" verdienen im ersten Teil besondere Erwähnung.

Die zweite Hälfte hebt mit einer zarten E-dur Einleitung an, der ein inniger gemischter Chor „hörst du das leise Rauschen" zunächst a capella, dann vom Orchester begleitet folgt, um zu den Melodien des Vorspiels zurückzusinken. Pastorale Einfachheit atmet das G-dur-Lied der Walburg „o sonnige Luft". In das E-dur-Duett „Sein Leid nur heilet Liebe", das einen choralen Einschlag hat, greift der vierstimmige Engelchor „wenn treuer Liebe erstes Grüssen" mit schöner Wirkung und lichtem Kontrast zu dem Chor der Mönche „Lass uns Herr den Weg erkennen" ein. Diese Szene gehört wohl zum Stimmungsvollsten, was Curti überhaupt geschrieben hat. Die lebhafte Dramatik in den späteren Szenen erscheint dagegen häufig, wenn auch, wie in der Unisonostelle der Mönche „Verfehmt, verdammt" in wirkungsvoller, so doch in konventioneller Weise erledigt. Von gutem Aufbau und imposanter Klangfülle dagegen ist der Schlusschor, der in breitem $6/4$-Takt dem etwas über eine Stunde dauernden Werke ein mächtiges Finale gibt.

Den Grund, weshalb die Gletscherjungfrau nicht in stärkerem Masse von unsern Gesangvereinen berücksichtigt wird, dürfen wir wohl darin erblicken, dass die gemischten Chöre in dem Werke von geringem Umfange sind. Ausgedehnten vierstimmigen Frauenchören stehen breite Männerchorpartien gegenüber, so dass nur grosse Gesangvereine diese Spezialaufgaben in gleich vollendeter Weise werden lösen können.

***

Sololieder und Instrumentalkompositionen.

Auf dem Gebiet des Sololiedes hat Franz Curti kaum ein Dutzend Werke hinterlassen. In der intimen Sphäre des Kammergesanges fühlte sich seine mehr auf sinnfällige Wirkung gerichtete Schaffenskraft kaum heimisch. So entstanden eher im landläufigen Sinn des Wortes dankbare Lieder als Gesänge von starker psychischer Vertiefung.

Die wertvolleren gehören der geistlichen Musik an. Ein Wiegenlied der Maria, das über einer sachten Achtelfigur der Begleitung in schwebender Zartheit einsetzt, birgt mit der an Brahms gemahnenden Bevorzugung von Terzen- und Sextengängen eine entschieden poetische Stimmung. Dem Kapellknabenchor der Dresdener Hofkirche ist ein getragenes Ave Maria für Sopran und Alt mit Orgel oder Klavier gewidmet, dessen schönes Melos von einer trotz ihrer Einfachheit bewegenden Harmonik getragen wird.

Von den weltlichen Gesängen erwähnen wir zunächst das durch obligate Violine bereicherte „Am See" (F. A. Muth), wo dem Streichinstrument die Schilderung des Schwanengesanges in ausdrucksvoller Weise zugeteilt wird. Warme Herzenstöne schlägt der Komponist in dem Liede „Seligkeit" (wie soll ich's bergen, wie soll ich's tragen) an, treuherzige Innigkeit weht uns aus dem Klaus Grothschen Schlummerliedchen „Still mein Hannchen" an. Die übrigen Gesänge bewegen sich vorwiegend in der Richtung einer gesanglich effektvollen Wirkung und fügen dem Porträt ihres Schöpfers keine neuen Züge bei. Einen Abstecher in das humoristische Gebiet bedeutet die Komposition des Ernst Ecksteinschen Scherzliedes „Im goldnen Adler", das, trotzdem ihm der Verlag die früher bei Soloszenen und Couplets übliche unästhetische Ausstattung gab, dennoch in seinem musikalischen Niveau erheblich über dasjenige des platten Textes hinausragt.

Dem Vokalkomponisten Curti mit seiner umfassenden Betätigung auf dem Gebiet der Oper und des Chorgesanges gegenüber müssen die Instrumentalwerke des Künstlers durchaus zurücktreten. Zwar gibt es von ihm eine dreisätzige Symphonie in B-dur für Orchester op. 14, der das stolze Motto: „non multa sed multum" vorgesetzt ist. Zu einer Aufführung des ganzen Werkes kam es indessen nicht. Den ersten der drei Teile (lebhaft B-dur $^6/_8$; sehr getragen weihevoll As-dur; bewegt, mit viel Energie, doch nicht zu schnell B-dur $^3/_4$) unterzog Curti im Januar 1895 einer Neubearbeitung; dieser Satz gelangte dann in Dresden unter der Bezeichnung Konzert-Allegro wiederholt zu Gehör. Noch früher entstand unter dem Titel „Die Schweiz" eine Suite für kleines und grosses Orchester, wie sie Curti merkwürdigerweise benennt. Einem Allegretto deciso in D-dur, das hinwiederum ein Andantino grazioso einschliesst, folgt ein Allegretto giocoso in A-moll mit einem Trio in dem entlegenen As-dur. Das knappe Largo doloroso bringt eine Melodie der Holzbläser in C-moll und einen schönen Durkontrast im weitern Verlauf. Über einer ostinat behandelten ein-taktigen Achtelfigur, die dem schon von Rossini im Tell zitierten Kuhreihen entnommen ist (g, es, f, b) baut sich das Finale (Allegretto deciso), von einem ruhigeren Mittelsatz in F-dur unterbrochen, mit energischen Zügen auf.

Von den drei Schauspielmusiken, die Curti geschrieben hat, nimmt die Musik zu Holger Drachmanns Drama „Schneefrid" eine Mittelstellung zwischen Konzertsaal und Bühne ein. Fühlen wir auch beständig, dass die Fantasie des Komponisten von bestimmten dramatischen Vorstellungen geleitet wird, so besitzt doch diese Musik in ihrer Vereinigung zur Suite genügend absoluten musikalischen Wert, um den Hörer im Konzert zu interessieren. Der erste Satz „Majestätisch" malt in düsterm, von Sechzehnteltriolen scharf akzentuiertem D-moll das Porträt König Haralds. Das weite Thema wird in Imitationen zunächst vom englischen Horn und dem ersten Fagott vorgetragen, späterhin greift es das Streichorchester in weichem C-dur auf. „Schneefrid" heisst der zweite Satz; über zarten Harfen-akkorden erklingt in den sordinierten Streichern ein weiches Es-Thema, das bei der Reprise zwischen Bläsern und Streichern chiastisch angeordnet wird.

Das Scherzo „Methornreigen" gesellt zu den Streichern einzig den Triangel und die Pauke. In leichtem Fluge schwebt ein pikantes Thema in den ersten Violinen über die körperlose Pizzicatobegleitung der untern Streichinstrumente, von einem schlichten As-durtrio eine kurze Weile unterbrochen. Das Finale „Schneefrids Grablegung" ist ein knapper Trauermarsch von ausdrucksvoller Klage.

Die Musik zu Schillers „Semele" besteht aus einem melodisch sehr wirkungsvollen Vorspiel und einigen kurzen Auftrittsmusiken.

Weit umfangreicher stellt sich die Partitur zu dem mythologisch-symbolischen Bühnenmärchen „Die letzten Menschen" von Wolfgang Kirchbach dar. Ausser der von mystischem Tremolo getragenen Einleitung und Melodram finden wir da einige Chöre der Sirenen, einen Nymphen- und Fauntanz, dann eine Illu-strierung des Umzugs der Faune und des Brautzuges der Eva. Speziell diese letzte Arbeit Curtis schliesst sich den Forderungen des Dichters so streng an, dass man sie füglich als angewandte Kunst bezeichnen kann, die von dem Komponisten weniger eine selbstständige Produktion als vielmehr die Stilisierung eines musikalischen Schmuckes erheischt und somit an die Eigenart des Ton-künstlers kaum appelliert.

Der Musikdramatiker Curti.

I. Hertha.

Unter Benützung eines alten Sagenstoffes schuf Margarete Vollhardt Wittich in den vier Akten dieser grossen Oper eine Reihe szenischer Vorgänge, denen trotz des mythologischen Milieus echt menschlich ergreifende Konflikte in guter psychologischer Steigerung nachzurühmen sind.

Wunna, des König Jaromar von Rügen Tochter, wird vom Orakel zur Priesterin der Göttin Hertha erkoren; diese Wahl aber ziert nur jene Jungfrau, „die nie der Liebe Sehnen, nie Manneskuss entweiht". Gleichzeitig entbrennt Frotho, der Skalde und Neffe des Wikingerfürsten Suno, der für seinen Gebieter um die Hand der Königstochter werben soll (die bewusste Analogie zu dem Problem im Tristan stört kaum), in heftiger Liebe zu Wunna. Sein Gefühl übermannt ihn, da er auf Sunos Geheiss nach erfolgter feierlicher Werbung das Lob der Liebe singen soll, und er verrät sein wahres, von Wunna geteiltes Empfinden. Jaromar, der in seiner Eigenschaft als pontifex maximus sein Kind zum Bunde mit Suno von der Priesterschaft zu lösen vermochte, muss nun die eigene Tochter dem Tode weihen. Umsonst sucht Frotho die Geliebte zur Flucht zu bewegen. Suno, der das Stelldichein der Beiden stört, klagt die Priesterin der Liebe an. Ein Gottesurteil, das Erglühen des heiligen Opfersteines, bestätigt ihre Schuld. Vor dem Vollzug der Strafe, dem Sturz der Lebenden vom Felsen ins Meer, errettet Wunna das Eingreifen der Göttin selbst, die den Wikingerfürsten durch einen Blitz erschlägt und es dem vorher gefangen gesetzten Frotho gelingen lässt, mit gelösten Ketten die Geliebte vom Todesgange zu befreien und auf einem Schiffe mit ihr in Liebe vereint den Anker nach besseren Gestaden zu lichten.

Für diese Handlung, die sich in der breiten Umständlichkeit der grossen Oper abwickelt, musste der Komponist begreiflicherweise den ganzen vokalen Apparat der älteren Epoche aufbieten. Beinahe sämtliche Vorgänge des Dramas geschehen unter Assistenz des Chores, so dass man Hertha eigentlich als eine Choroper bezeichnen kann. Wenn damit dem speziellen Wunsche des Komponisten in hervorragendem Masse entsprochen wurde, so blieb auf der andern Seite die Aktion in ihrer Regsamkeit durch das Bleigewicht des vielköpfigen Vokalkörpers gehemmt. Freilich erfährt dieser Umstand durch die Meisterschaft, mit welcher Curti die Chorpartien gestaltete und differenzierte, eine erhebliche Milderung.

Können wir in dieser Bevorzugung des chorischen Elementes eine konservative Tendenz beobachten, so spricht die Verwendung des Leitmotivs für die Modernität des Curtischen Empfindens. Freilich möchten wir statt Leitmotiv lieber Leitmelodie sagen, denn seine melodischen Phrasen haben nicht jene scharfe, charakterisierende Prägung, wie wir sie bei Richard Wagner finden, es sind eher lyrische Ranken, die sich durch das Gezweige der Partitur flechten.

An erster Stelle verdient das Liebesmotiv Frothos genannt zu werden, das meist von rauschenden Harfenakkorden getragen, wiederholt in der Oper auftritt. In dem Vorspiel wagt sich das aus einer zweitaktigen Sequenz von leicht chromatischer Färbung und eindrucksvoller Deklamation bestehende Thema zunächst nur pianissimo in D-dur ans Tageslicht, bald aber tritt es im leuchtenden Glanze des Tutti auf. Als Auftrittslied wird es dem Helden im ersten Aufzug zugewiesen, der nächste Akt bringt eine Reminiszenz daran, als Wunna ihrer Freundin Wisna von der Begegnung mit Frotho erzählt, endlich wird die ganze Apotheose des vierten Finales auf seinen Ton gestimmt.

Ein einfaches Thema, dessen Verwendung sich aber in verschiedenen Situationen (ausser im Vorspiel namentlich bei dem Männerchor des letzten Aktes) von glücklicher Wirkung erweist, ist der in muntern Sechzehnteln auf gebrochenen Akkordtönen aufgebaute Hornruf Frothos. Das Los der Herthapriesterin findet in einem synkopisch im Unisono einsetzenden Motiv von edler Klage eine treffende musikalische Illustration. Wie das Vorspiel durch diese Weise gleich die richtige ernste Grundstimmung erhält, so wird dadurch namentlich in der Einleitung zu dem Monolog der Wunna (IV. Akt) einem der besten und unmittelbarsten Stücke der Oper, der Hörer zu einer echten Teilnahme an dem Los der Heldin bewegt.

Den motivischen Antagonisten stellt jenes schwärmerische, von schwankenden Triolen beschwingte Sehnsuchtsmotiv über ruhig niederschreitenden Bässen dar, dessen drängende Bewegung in der Introduktion des zweiten Aktes am schönsten wirkt, wie es auch bei seinem symbolischen Auftritt im Schlussakt, wo es die Treue bis zum Tode schildert, eines bedeutenden Eindrucks sicher ist. Zu den Leitmelodien gehört endlich auch das in Terzen einherschreitende G-moll Thema der Priester, dessen herbes Kolorit und asketische Stimmenführung einen scharfen Kontrast zu dem vorgenannten Thema bildet.

Aus all diesen Faktoren, denen sich als Krönung noch das hymnenartige Herthathema in D-dur gesellt, baut der Komponist das Vorspiel in einheitlicher Weise auf, so dass von dem klagenden Beginn des Wunnathemas in H-moll bis zu dem mächtigen Abschluss mit dem Herthamotiv in D-dur, der Zuhörer niemals den Eindruck des Mosaikartigen empfängt.

Ausser diesen Konzessionen an die moderne Gestaltung des Musikdramas finden wir in der Partitur der Hertha eine Reihe von „Nummern" im Sinne der alten Oper. Und es sind nicht die wertlosesten Blätter, auf denen Curti seinem lyrischen Empfinden ohne Beschränkung auf szenische Anforderungen Genüge tun konnte. Ich erwähne im ersten Akt das A-dur Arioso der Wisna „leise auf der Sonne Strahlen", das durch den Hinzutritt der Sopranistin zu einem Duett wird, ein Stück von vollendeter Lieblichkeit und Zartheit, ferner das As-dur Duett der beiden Frauen, dessen Motiv mit dem pikanten Tonschritt c-h-as-es späterhin in dem Zwiegesang von Wunna und Frotho eine mächtige Entfaltung findet, dann auch schliesslich Frothos allerdings stark auf den Schlager zurechtgestutzten Gesang (wiederum in Curtis bevorzugter As-dur Tonart) „Ein Gott hat in des Sängers Seele des Liedes Zauberkraft gelegt".

Wir sagten oben, dass die Hertha eine Choroper sei. Mit ihrer Ausführung steht oder fällt das Werk. Sehen wir zu, wie Curti den Chorpart behandelt hat. Gleich die einleitenden, geteilten Frauenchöre (zwei dreistimmige Gruppen) nehmen durch Frische und candide Heiterkeit für sich ein. Ganz unisono ertönt das Auftrittslied der Wikinger, deren temperamentvolle C-dur-Partien dem ersten Akte einen sehr flotten Abschluss verschaffen. Im zweiten Akt sind es die grossen, gemischten Chöre der Priesterszene, die wiederholt in geschicktem Wechsel der Klangfaktoren gesteigert werden. Wie energisches Leben in dem Es-moll-Chor der Wikinger „Die Welt trägt unsere Siegesbahn" herrscht, so bleibt es vom dramatischen Standpunkt aus um so mehr zu beklagen, dass die Librettistin nicht vermochte, den Schluss des zweiten, wie des dritten Aktes mit einem markanter herausgearbeiteten Höhepunkt zu versehen. Lang ausgesponnene Ensembles, an denen sich ausser dem Chor auch alle Soli beteiligen, dürfen wohl hin und wieder nach einem bedeutsamen Einschnitt der Handlung mitten im Akt vorkommen. Der Schlusschor, wie er im zweiten und dritten Akt hier auftritt, das heisst, die auf dem Wege der Meditation gezogene Konsequenz, welche das Vorangegangene für den einzelnen Solisten wie für das gemischte Element des Chores bedingt, ist absolut undramatisch und vermag selbst starke szenische Entladungen durch die Monotonie seiner Reflexion in der Wirkung umzubringen. Der fakultative Strich, den der Komponist selbst in dem dritten Finale angibt, wird sich wohl durch die Bühnenpraxis in zwingender Weise ergeben haben.

Wenn wir uns vor Augen halten, dass „Hertha" das Debut seines Schöpfers als Musikdramatiker bedeutete, so bewundern wir Franz Curtis Reife und sein sicheres musikalisches Stilgefühl. Ist auch die Ausbeute an origineller Musik in dem Werk verhältnismässig gering, so fügen sich dafür die einzelnen Glieder in schöner Rundung zu einem harmonischen Ring. Stets empfinden wir die gestaltende und ordnende Hand eines feinfühligen Künstlers, der mit seinen Geschöpfen liebt und leidet, verzweifelt und hofft. Wenn die Chorpartien in bezug auf die Ökonomie des Ganzen hie und da etwas breit geraten sind, so bieten sie dafür den Theaterchören eine Reihe jener Aufgaben, bei denen der Chorsänger in der Probe freudig aufzuhorchen pflegt, weil er sich nicht als konventionellen Strohmann, sondern als psychisch am Gelingen des Kunstwerkes interessiertes Individuum empfindet. Die Oper, deren Aufführung etwa drei Stunden beansprucht, würde eine Wiederaufnahme an den Bühnen durchaus verdienen, und der Erfolg dürfte, vorausgesetzt, dass eine intelligente Regie die Massenszenen in künstlerischer Art arrangiert und das dekorative Element, die mannigfachen Anregungen, die in den verschiedenen Schauplätzen der Handlung — einer Felsenschlucht am Meer mit badenden Mädchen, des Hains der Hertha mit dem malerischen Requisit des Opferzuges, einer wilden heroischen Landschaft mit der seltsamen Zeremonie des Gottesurteils — enthalten sind, in eine zu geniessendem Schauen einladende Formel zu bringen weiss, die aufgewendete Mühe reichlich lohnen.

II. Reinhard von Ufenau.

Nach der guten Aufnahme, die Curtis Hertha bei der Aufführung bereitet ward, erscheint es verständlich, dass er auch in seinem folgenden dramatischen Werke der literarischen Bundesgenossin treu blieb. In dem Libretto des Reinhard von Ufenau, wo keine Sage mit der Kraft urwüchsiger, poetischer Wahrheit das Fundament der Handlung bildet, sondern wo es aus eigener Phantasie künstlerisch zu gestalten und dramatisch straff zu komponieren galt, versagte die Kraft Margarete Vollhardt-Wittichs. Versagte in einem Masse, dass Curti sich bewogen fühlte, die Oper zurückzuziehen und ihr in seinem œuvre gewissermassen nur eine minor pars zu gönnen. Für uns, die wir den Entwicklungsgang des Künstlers verfolgen, bleibt die Partitur des Reinhard ein wichtiges Dokument, das unentbehrliche Glied einer schönen Kette. Zum erstenmal verlegt hier Curti den Schauplatz der Handlung nach seiner schweizerischen Heimat. Schon dadurch erscheint das Werk als ein Vorläufer des Rösli vom Säntis. Welch innige Beziehungen musikalischer Art aber zwischen den beiden Werken bestehen, werden wir noch bei der Analyse der letzten Oper Curtis zur Evidenz ersehen.

Die Fabel des Stückes sei in aller Kürze erzählt. Mechthildis, des Grafen Walter von Ufenau Tochter, ward vom Grafen Burkhardt von Rapperswil geraubt. Von der persönlichen Teilnahme an dem Kampf, der sich zwischen den Rapperswilern und den Ufenauern entsponnen hat, hält die Kühne des Schlosskaplan Reinhard Bitte ab, der ihr trotz des Mönchkleides seine Liebe gesteht. Mechthildis Vater gerät in die Gefangenschaft des Rapperswilers, und die Trauung des jungen Grafen Arnulf mit ihr wird auf den folgenden Tag festgesetzt. Da alles zur Feier bereitet ist, weigert sich Reinhard, dies gewaltsam erzwungene Band zu segnen, und zertrümmert die ewige Lampe in flammender Begeisterung. Der Prior exkommuniziert ihn. Im weitern entgeht der Held in einer wilden Waldschlucht einer Schar meuchlerischer Landsknechte, die der Rapperswiler zum Morde gedungen hatte. Den in das Handgemenge eingreifenden Burkhardt erschlägt er im Kampfe. Eine junge Hirtin geleitet ihn bei Mondenschein in einem Kahn nach der Ufenau, woselbst Reinhard dem Grafen Walter Kunde von Mechthildis bringt. Dieser schlägt den Expriester zum Ritter und vertraut ihm die Führung über das Burgvolk an. In dem heftigen Kampf um die Burg Rapperswil verwundet Reinhard den Grafen Arnulf und befreit die ohnmächtige Mechthildis aus dem brennenden Turm, in dem sie gefangen lag. Die Vereinigung der beiden Liebenden, denen der Segen des von der treuen Hirtin hergeführten alten Grafen zuteil wird, beschliesst die Handlung.

Man erkennt wohl schon aus dieser dürftigen Skizze die Schwächen des dramatischen Aufbaues. Dieser Priester, den seine Leidenschaft die Bahn der Pflicht verlassen lässt, vermag unsere Sympathie kaum zu erringen, am allerwenigsten da, wo er durch das Gewicht seiner geistlichen Autorität die Verbindung des Nebenbuhlers mit der Geliebten verhindert. Auch der junge Graf, seinem Verhalten im Schlussakte nach ein Rohling schlimmster Sorte, ist eine durchaus unwahrscheinliche Figur.

Der lose Zusammenhang, in dem die dramatischen Vorgänge (so etwa der Beginn des III. Aktes in der Felsschlucht zu dem vorangegangenen Finale) stehen, vermag auch durch die Kunst des Komponisten keine innere Wahrscheinlichkeit und realistische Plastik zu erhalten.

Dem ersten Akt geben Kampfsignale und Chöre der Angreifer und Verteidiger der Burg einen wildbewegten, stürmischen Charakter. Ein F-dur-Arioso der Mechthildis, „Ihr alten, grauen Bergesriesen", bildet eine freundliche Insel in dem ruhelosen Getriebe. Bei Reinhards Auftritt erscheint über einem orgelpunktartigen Tremolo ein kurzes Motiv von pathetischem Gehalt, dem wir schon in der Introduktion begegneten. Eine durch ihre wirksame Deklamation fesselnde Phrase der Mechthildis, „Frei soll ich sein", leitet zu dem melodiösen B-dur-Duett über, in dem der Held — die Rolle des Reinhard ist für hohen Bariton geschrieben — der vom Sopran vorgezeichneten Phrase in der Art eines Canon in der Oktave ziemlich genau folgt. Der von drei Bühnentrompeten eingeführte C-dur-Chor, „Die Waffen, sie klirren, es blitzet der Speer", führt uns zu der kriegerischen Anfangsstimmung zurück. Ein schöner, getragener As-dur-Satz „Wo find' ich Rettung" gibt dem Finale, dessen von der Dichterin allzusehr betonte Fröhlichkeit Curti durch seine Musik auf ein vernünftiges Mass zurückgeführt hat, einen wirkungsvollen Abschluss.

Der zweite Akt beginnt mit einem ausdrucksvollen Monolog Reinhards, der in schwerem Kampf vor dem Altare liegt. Die ersten Takte des Vorspiels bestehen aus einem feierlichen, choralartigen Motiv, das wir als Priesterthema bezeichnen können. In dem B-dur-Satz „Lass ab von mir, verzehrend Feuer", dessen Melodieführung durch die wiederholten Synkopen eine eigenartige Intensität besitzt, erreicht die Szene einen ansehnlichen Höhepunkt. Das anschliessende, vierstimmige Lied der Chorknaben mit dem doppelten Sextenaufschwung und der ästhetischen Gliederung der Periode (als $4 + 4 + 2 + 2 + 4 + 4$ sind die 20 Takte des Themas angeordnet) gehört zu den glücklichsten Eingebungen Curtis. Der Ton schlichter Frömmigkeit erscheint hier ohne jede konventionelle Abschwächung aufs schönste getroffen. Mit frischer Lebendigkeit sind die folgenden umfangreichen Volksszenen hingesetzt. In die anschliessende Marschmusik treten zu dem gemischten Chor vierstimmige lateinische Gesänge der Mönche in geschickter Kombination. Auf die starke Verwirrung bei der Trauungsszene begrüsst man das zum Aktschluss zunächst a capella, dann aber im Orchester auftretende Chorknabenlied zur Auflösung der Spannung doppelt gern.

Die Einleitung zum dritten Aufzug, dessen beide Bilder uns zunächst in eine wilde Felsschlucht, sodann vermittelst einer sehr temperamentvollen Verwandlungsmusik zu der Mondscheinszene auf der Ufenau führen, antizipiert neben den scharfen Rhythmen des Landsknechtschor das Thema des Reinhardschen Arioso „Wer Menschenblut vergiesst" in düsterem C-moll. Von edler Hoheit ist des Helden Gebet in F-dur „Gott der Barmherzigkeit und Liebe" umflossen. Recht als Mädchen aus der Fremde gibt sich die Erscheinung der

Hirtin, deren Gesang zunächst ohne Begleitung nur von kurzen Interludien der Flöte unterbrochen eingeführt wird. In der zweiten Hälfte des Aktes empfinden wir das Quartett der Hirtin mit dem Grafen Walter, dem Wächter Wunibald und Reinhard als psychologisch unbegründet und musikalisch verzeichnet. Den Schluss des Aktes bilden die Huldigungschöre für Reinhard, die in lebhaftem Dreitakt gehalten sind.

Im letzten Akt dominiert wieder die kriegerische Note mit Tremolo, Chromatik und Fortissimo des Orchesters. Doch finden neben anderen Themen das Priestermotiv und das Chorknabenlied eindrucksvolle Verwendung, und ein hübscher B-dur-Satz „Sanft wie der Harfe schwellend Tönen" verdient als lyrische Blüte erwähnt zu werden.

Wir haben versucht, im vorstehenden ein möglichst objektives Bild von der Partitur des „Reinhard von Ufenau" zu geben. Der Biograph befindet sich einem Werke gegenüber, von dem sich sein Schöpfer später selbst losgesagt hat, in einer eigenartigen Lage. Um so grösser ist seine Pflicht, das Wertvolle an dem verleugneten Kinde aufzusuchen und ihm seinen richtigen Platz in dem Gesamtwerke des Meisters anzuweisen. Curti hat nun selbst den Weg gezeigt, der sein inneres Verhältnis zum Reinhard regelt, indem er eine ganze Reihe von Themen in sein Rösli vom Säntis hinübernahm. Wir betrachten somit den Reinhard als eine Vorstudie zu der letzten Oper des Meisters.

Im Vergleich zur Hertha zeigt sich in dieser zweiten Oper der Einfluss Richard Wagners auf unseren Komponisten in verstärktem Masse. Nicht nur in gewissen Äusserlichkeiten, wie in der häufigen Verwertung von Bühnenmusik (man vergleiche dazu die dritte Szene des ersten Aktes, sodann die vierte Szene des dritten Aktes) oder in parallelen Figuren — zu der Hirtin hat wohl der junge Hirt im Tannhäuser Modell gestanden, dessen Gesang in derselben Tonart zuhause ist —, ja in deutlichen Reminiszenzen (Waldvogel im Siegfried!) tritt dies zutage; der ganze Stil der Oper ist auf eine leidenschaftliche und explosive Formel gebracht.

Wenn wir bei der Hertha den Komponisten an einer Aufgabe beschäftigt sehen, der seine künstlerischen Kräfte durchaus genügen, so haben wir beim Reinhard von Ufenau nicht selten das Gefühl des Experimentierens. Freilich vermag uns das Bewusstsein darüber hinwegzuhelfen, dass auch die stärkste musikdramatische Begabung an den blutlosen Schemen des Buches und ihren statt im Mondlicht der Romantik in der Unsicherheit der Charakterisierung schwankenden Gestalten gescheitert wäre.

III. Erlöst.

Zwei extreme Kontraste prallen in der Handlung dieser Oper jäh zusammen: die höchste Lebensfreude eines jung vermählten Paares, und die äusserste Verzweiflung einer armen Dulderin, zwei Kontraste, deren komplementäre Funktionen nicht ausreichend sind, um in der Seele des Zuschauers ein ästhetisches Gleichgewicht zu erzielen.

Der Schauplatz vergegenwärtigt das Venedig vom Ende des achtzehnten Jahrhunderts. Ein vornehmes Paar Paolo und Agata, feiert unter der frohen Teilnahme der Bevölkerung sein glänzendes Hochzeitsfest. Doch die Freude der jungen Frau wird gestört durch den Gedanken an die erste Frau des Gatten, die seit dem Tode ihres Kindes in Wahnsinn verfiel und auf der Irreninsel San Servolo von ihrem Manne geschieden lebt. Kaum hat sich der Vorhang des Gemaches hinter dem jungen Paare geschlossen, so entsteigt einer Gondel die tiefverschleierte Marca, der es gelungen ist, von San Servolo zu entfliehen. Nun ergibt sich die quälendste Situation: die Erste, der die Tatsache der Scheidung von ihrem Manne nicht bekannt ist, fordert Paolo auf, die Dirne zu entfernen. Nun kündet ihr der einstige Gatte, dass kein Band mehr zwischen ihr und ihm bestehe, worauf sie verzweifelt zusammenbricht. In rachsüchtiger Aufwallung versucht sie Agata mit Paolos Dolch zu ermorden, doch Paolo schützt die Gefährdete. In verzweifelter Ekstase — „Wenn Liebe Wahnsinn ist, so fühle, wie göttlich dieser Wahnsinn ist, der sterbend sich als Opfer zum Altare bringt" — ersticht sie sich selbst.

Der Inhalt des Stückes ist eine Variante — freilich eher eine Vergröberung — des Enoch Arden-Motivs. Hier wie dort finden wir die Resignation des Vorgängers oder der Vorgängerin vor der Übermacht der Ereignisse. Entschieden unkünstlerisch aber berührt bei unserer Dichterin — auch für dieses Libretto zeichnet Margarete Vollhardt-Wittich verantwortlich — die willkürliche Behandlung des pathologischen Elementes, das stets nur insofern berücksichtigt wird, als es sich den Intentionen der Szene anbequemt. Ist diese Marca von ihrer Krankheit geheilt, so gehört sie nicht mehr nach San Servolo, sollen wir aber an ihren Wahnsinn glauben, so erhält die Flucht und ihr Erscheinen zu Hause einen grotesken Beigeschmack, der unsere seelische Teilnahme an ihrem Schicksal auf ein Minimum reduziert.

Nach dem Vorbild des italienischen Verismo ist die Handlung in einen Aufzug, der die Dauer einer Stunde kaum übersteigt, zusammengedrängt. Wie bei Mascagni und Leoncavallo nehmen malerisch geschaute Volkszenen, bei denen das religiöse Element nicht zu kurz kommen darf, einen breiten Raum ein. Auch der Einschnitt für ein Zwischenspiel des Orchesters von selbständiger Bedeutung findet sich vorgezeichnet.

Curtis Schaffen zeigt in diesem Werke gegen früher einen bedeutenden Fortschritt. Es weht durch die Partitur wirklich jener Hauch des echten Dramatikers, der von fortreissender und bezwingender Macht ist. Die Melodik atmet Temperament und Leben. Vermochte der Komponist auch nicht, das italienische Kolorit mit den Farben des Südens darzustellen, so trifft die Leidenschaft seiner Tonsprache dennoch überall den kongruenten Ton. In dem Vorspiel, das sich in der ungewöhnlichen Ges-dur-Tonart bewegt, lernen wir die Hauptmotive des Werkes kennen: das schwärmerische Dreitakt-Motiv, mit dem Marca ihr Heim wieder begrüsst, das in innigen Terzen geführte Treuemotiv der Unglücklichen, ferner von den Celli und Bässen in düstrem Cis-moll deklamiert das zweitaktige Schicksalsthema, sowie ein in blassem Pianissimo auftauchendes Heraufdämmern des Liebesduettes zwischen Paolo und Agata. Die chromatisch niederstürzende Figur im Orchester, die seit Verdi in der italienischen Oper im treuen Gefolge der Katastrophe steht, fassen wir nicht als Reminiszenz, sondern als die bewusste Übernahme eines Stilfaktors auf.

Bei geschlossenem Vorhang intoniert ein Priester das gratias, sekundiert von dem in Terzen geführten zweistimmigen Chor der Mönche, ein Effekt von äusserst treffender Beobachtung und Stimmungskraft. Ein gross aufgebautes Ensemble in Des-dur für Soli und Chor leitet zu der Tanzszene der Gondoliere über. Im weiteren unterbricht ein lieblicher As-dur Satz der Mädchen in schlichter Zweistimmigkeit den weniger durch gute Deklamation als durch abwechslungsreiche Modulation ausgezeichneten Walzer. Sehr hübsch klingen Bruchstücke des verschwindenden Chores in den Beginn des grossen Duetts zwischen Paolo und Agata hinein. Dieses Duett selbst darf man wohl als die vollendeste Partie der Oper bezeichnen. Von dem jubelnden Beginn hebt sich der Mittelsatz, der das Schicksalthema in mächtiger Steigerung und eindringlicher Wiederholung bringt, aufs schärfste ab, und die Wiederaufnahme des Liebesthemas rundet die Szene zu hoher Einheitlichkeit. Der pathetischen Szene folgt das kühle, gelassene Lied der Gondoliers und die gespenstig wirkende Landung Marcas. In einem breit angelegten Monolog, der die bereits bekannten Motive in sinnvolle Verbindung bringt, wird der Sopranistin eine hohe Aufgabe zugemutet. Das Intermezzo verweilt bei Reminiszenzen aus der Liebesszene und lässt den Zuhörer vor der schauerlichen Situation der Schluss-

Szene zur Ruhe kommen. Diese selbst sucht in ihrem musikalischen Teil das versöhnende Moment zu betonen, was ihr allerdings nur teilweise gelingt.

Wenn man der Oper auch den Einfluss des Verismo an vielen Einzelstücken anmerkt und diese Zeichen einer überwundenen Periode heute wohl verblasst anmuten, so war doch jene Bewegung im ganzen von günstiger Wirkung auf das Talent Curtis. Sie veranlasste ihn, seine Ausdrucksmittel zu einer schärferen und ausgeprägteren Tonsprache auszubilden, sie gab seinem Temperament den Ansporn zu glühender Entfaltung und liess ihn auch in formeller Beziehung zu höherer Reife gedeihen.

IV. Lili-Tsee.

Auch diese Oper Franz Curtis ist ein Einakter. Und dennoch lässt sich kaum ein stärkerer Gegensatz denken, als ihn die liebliche Lili-Tsee zu dem veristischen Musikdrama „Erlöst“ darstellt. Während dort in eine knappe Zeitspanne pathetische Vorgänge in rascher Entwicklung aufeinanderfolgen, breiten sich hier behaglich heitere Szenen mit der sorglosen Redseligkeit der Idylle aus.

Den Stoff fand der Textdichter Wolfgang Kirchbach in einer Sammlung japanischer Märchen. Eine reisende Engländerin Lady Whirlebottle hat ihren Handspiegel in einem entlegenen japanischen Industriedorf verloren. Da nun die Kenntnis des Spiegels bei den Japanern in der Fabel nicht vorausgesetzt ist, ergeben sich eine ganze Reihe drolliger Situationen. Der Wagenzieher Kiki-Tsum findet den Spiegel, hält ihn für das Bild seines verstorbenen Vaters und versteckt ihn in einer Vase im Gemach seiner jungen Gattin Lili-Tsee. Der Bonze Ming-Ming macht der reizenden Frau Kiki-Tsums lebhaft den Hof und sucht sie zu einem Stelldichein im Buddhatempel zu bewegen. Zugleich versteht er ihre Eifersucht auf die Freundin Taime zu lenken. Lili-Tsee glaubt in dem Spiegel das Bildnis der Geliebten des Gatten zu erblicken und verspricht dem werbenden Bonzen das erbetene Stelldichein. Als nun Kiki heimkehrt, zeigt sie ihm den Spiegel, macht ihm die lebhafteste Szene, deren wirres Durcheinander erst die Aufklärung durch die Besitzerin des Spiegels löst.

Der Vorwurf ist, wie man sieht, von höchster Einfachheit, doch erhält das schlichte Motiv durch die geschickte Behandlung des Dichters einen höchst poetischen Einschlag, eine naive Grazie, die unser Interesse stets wachzuhalten weiss.

Ein anderer Komponist hätte wohl die humoristischen Lichter, die in dem Stoffe stecken, stärker herausgearbeitet, aus dem behäbigen Bonzen etwa einen fröhlichen Bassbuffo gemacht und eine ausgesprochene komische Oper vor das Licht der Rampe gebracht. Nicht so Curti. Seinem schwärmerischen Naturell blieb die Gabe des Humors im Sinne des kräftigen Heiterkeitspenders versagt. Und so wandelte er den Stoff ganz ins Genrehafte. Was er uns schildert, das ist das naive, sorglose Blumendasein der kleinen Japaner mit all der göttlichen Kindlichkeit, die für uns Europäer darin steckt. Er zaubert ein wahres Panorama von niedlichen Puppen mit ihrer automatenhaften Beweglichkeit auf die Bühne.

Das billige Requisit des exotischen Kolorits im Sinne einer gesuchten Harmonik und ausgetüftelten Rhythmik verschmäht unser Komponist. Sein gerades musikalisches Empfinden musste die Larve und Verkleidung schmerzlich berühren. So singen denn (trotz der Verwendung zweier japanischer Schlagzithern im Orchester) seine Herrschaften gut deutsch in Melodie wie Harmonik.

Mit einer äusserst gelungenen musikalischen Illustration der Tätigkeit der einzelnen Handwerkergruppen hebt die Oper an. Eine ostinate eintaktige Phrase dient zur Charakterisierung der schwirrenden regelmässigen Arbeit der Schnitzer, Bildhauer, Hobler und Lackierer, eine muntere Sechzehntelfigur malt die emsige Tätigkeit der Stickerinnen. Dem Tenor fallen besonders dankbare Aufgaben zu, so das G-dur Lied „Lili-Tsee, geliebtes Stäubchen" mit der reizenden Geschwätzigkeit der Terzen im Zwischenspiel, sodann das marschartige Strophenlied „Drüben in Europa ferne", dessen japanischer Refrain harmlose Fröhlichkeit atmet. Eine reizende Nummer ist das Terzett Kikis mit Lili-Tsee und Taime „Eine lieben ist gar lieblich", dessen Thema bei der H-dur-Stelle, da Kiki den Spiegel findet, rhythmisch verändert wiederkehrt. Überhaupt ziehen sich einige Hauptmotive durch das ganze Werk, so auch die emphatische, späterhin oft gestörte Litanei des wackeren Bonzen „in dem stillen Buddhahaine". Sehr anspruchsvoll ist die Partie der Lili-Tsee gehalten, ihre Anrufung der Göttin, die sich in einem schwankenden Zweivierteltakt mit synkopischen Akzenten bewegt, schliesst schwierige Kadenzen ein. Eine originelle Verwendung des Flüsterlautes „bst" aus dem Duett mit dem Bonzen ist nicht ohne Pikanterie. Der Anteil des Chores an den Vorgängen beschränkt sich auf eine kleine Anzahl frischer Ensembles und das Finale.

Wenn wir als erste Tugend an einem Kunstwerk Stilreinheit nennen, so nimmt Lili-Tsee in dem œuvre Franz Curtis eine ganz bevorzugte Stelle ein. Wie er die grösste Freude an dem Werk erleben durfte, so würde es sich lohnen, die Oper gelegentlich aus den Archiven zu erlösen und ihren Gehalt in klingendes Leben umzusetzen.

V. Das Rösli vom Säntis.

Die wechselnden Erfahrungen, die Franz Curti mit den Libretti seiner Werke machte, mögen ihn bewogen haben, für seine letzte Oper mit eigener Feder das poetische Gewand zu entwerfen und auszuarbeiten.

Im Kanton Appenzell gegen 1500 zur Zeit des Konfliktes der Appenzeller mit den Äbten von St. Gallen begibt sich die Handlung. Rösli, die Tochter des alten Hirten Waldram auf der Meglisalp, steht im Dienst ihrer Muhme Agnes im Wirtshaus Schwendi am Seealpsee. Der Wirtin Sohn, der finstere Jörg, verfolgt sie mit zudringlicher Werbung, sie aber weist ihn zurück, da ihr Herz dem armen Bauernburschen Franz gehört. Nun verleumdet Jörg seinen Nebenbuhler, er habe das Lösegeld, mit dem er sich vom Kriegsdienst freigekauft, im Wirtshaus seiner Mutter gestohlen. Da alle sich von Franz abwenden, beschwört Rösli, dass der Geliebte es nicht getan hat, und nimmt dadurch die Schuld auf sich, so dass ihres Bleibens im Dorfe nicht länger sein kann.

Der zweite Aufzug spielt bei Röslis Eltern auf der Meglisalp und schliesst sich zeitlich unmittelbar an den vorhergehenden an. Franz hält noch einmal bei dem alten Hirten dringend um Röslis Hand an; da man ihn entschieden abweist, stürzt er davon, um sich dem Freiheitskampf der Appenzeller, den er im ersten Akt feurig proklamierte, zu weihen. Gleich nach ihm erscheint Jörg und verleumdet Rösli bei den Eltern. Diese schenken seinen Worten Glauben, so dass das später in Verzweiflung eintretende Rösli umsonst beteuert, dass es ihr Geld gewesen sei, das sie dem Geliebten eingehändigt. Auch sie enteilt in wilder Ratlosigkeit. Nun kommt Franz mit dem verwundeten Jörg zurück, der in der Dunkelheit abgestürzt ist und nun, von Schmerzen gepeinigt, reuevoll die Unschuld Röslis an den Tag bringt. Eine Sennerin meldet in fliegender Eile, dass sie Rösli den Weg zum Wildkirchli in wahnsinniger Hast habe einschlagen sehen. Halb erstarrt findet sie dort der treue Bruder Hansel und schützt sie, bis der Geliebte und der Vater sie aufgefunden haben. Nun steht dem Glück der Beiden nichts mehr im Wege; das Sterbeglöcklein aus dem Tale kündet, dass Jörg sein Verbrechen mit dem Leben bezahlt hat.

Diese Handlung, der es an äusserem Leben, wie man sieht, keineswegs gebricht, besitzt leider eine psychologische Achillesferse: der durch die Verleumdung des Intriganten Jörg geschaffene Knoten wird durch seinen späteren Widerruf einfach wieder aufgelöst. Wir empfinden dies als eine äusserliche Willkür in der Szenenführung, die unsere Logik kränkt.

Für dieses Manko entschädigt aber in reichem Masse die populäre, patriotische Saite, die der Komponist durchweg mit Glück anschlägt. Die Aufzüge und Tänze des ersten Aktes, der mit guter Anlehnung an Originalmelodien gefügte Kuhreihen, das von der Zither begleitete Abendlied Vater Waldrams und Hansels tragen überall das Gepräge des echten und ehrlichen musikalischen Volksstückes.

Wenn Curti auch begreiflicherweise keine dichterische Routine besass, so wusste er durch einen angemessenen Wechsel rhythmischer Prosa und gereimter Partien, von wiederholten sprachlichen Härten und kleinen Geschmacklosigkeiten abgesehen, ein brauchbares Opernbuch zu schaffen.

Für den musikalischen Teil zog er, wie wir oben schon kurz andeuteten, die wirkungsvollsten Partien aus seinem Reinhard von Ufenau in ausgiebigem Masse heran. Gleich die Melodie des hübschen A-dur-Duetts zwischen Rösli und Franz, mit dem die Oper einsetzt, findet sich in dem früheren Werke und zwar als Thema eines zweistimmigen Frauenchors „wo ein junges Paar gewandelt". Der Bauernwalzer (Des-dur) sieht in dem gemischten Chor „O jauchzende Freude" (A-dur) des zweiten Aktes sein getreues Ebenbild. Aus Reinhards Gebet (III. Akt) „Gott der Barmherzigkeit und Liebe" ward Vater Waldrams herbe Selbstanklage „dass mich die Tiefe doch verschlänge" (III. Akt) und die Parallelstelle „für dich sorgten wir" (II. Akt) durch Transposition aus der Bariton- in die Basslage. Das Chorknabenlied endlich ward zu dem rührenden Zwiegesang zu Beginn des zweiten Aufzuges, den die Oboe und das Englischhorn sanft einleiten und dessen Motiv in den lichten Streicherharmonien des letzten Finales eine eigenartig ergreifende Wirkung ergibt.

Der Vollständigkeit halber dürfte auch die beinahe unveränderte Herübernahme des Sololiedes (op. 53) „Schneeblumen" in den Monolog Röslis am Wildkirchli zu erwähnen sein. Das tertium comparationis scheint das winterliche Milieu gewesen zu sein (das Gedicht von H. Seidel schildert den Tod von zwei Kindern im Waldesschnee), sodass der Komponist sich zu der analogen Behandlung der Situation entschloss.

Selbstverständlich haben diese Untersuchungen nur historischen Wert. Das Wesentliche bleibt die Konstatierung, dass die Musik trotz ihrer Verpflanzung überall den Ansprüchen der betreffenden Szene unmittelbar gerecht wird. Ja, man darf noch weiter gehen und behaupten, dass die meisten der genannten Motive erst in der neuen Umgebung ihre richtige und schmückende definitive Fassung gewonnen haben.

Wie in den früheren Opern Curtis finden wir auch im Rösli neben abgeschlossenen Gesangsnummern eine ganze Reihe im Sinne des Musikdramas durchgeführter Motive. So begegnet uns zum Beispiel das obengenannte Thema des A-dur-Duetts in der Sturmmusik des dritten Aktes in strengem Mollcharakter. Der Intrigant wird durch ein leidenschaftlich aufsteigendes Thema in den Celli gut charakterisiert. Ein inniges C-dur-Motiv, das Liebesthema, im Dreitakt mit nachschlagender Begleitung, dessen Weiterführung durch schwärmerische Vorschläge abwechselnd in Stimme und Orchester einen romantischen Einschlag erhält, erscheint im ersten Aufzug und entlässt uns in der Apotheose des edel verklingenden Schlusses der Oper.

Die Mischung heroischer und volkstümlicher Elemente, die eine Besonderheit des Werkes bildet, ist dem Komponisten im ganzen gut gelungen.

Den heroischen Partien eignet eine naive Frische der Darstellung, der die Urwüchsigkeit der populären Teile eine wohltuende Realistik entgegenstellt. Am stilvollsten und einheitlichsten erschien dem Verfasser bei der Aufführung der dritte Akt. Bedenkt man das Minimum von Handlung, das sich darin zuträgt, so muss der Stimmungskunst Curtis höchste Anerkennung gezollt werden. Die Bezeichnung „Schweizeroper" aber verdient das Werk durchaus. Dass ohne eine patriotische Begebenheit schweizerisches Volksleben in ansprechenden Bildern von warmem Kolorit geschildert wird, ist nicht das geringste Verdienst der Partitur.

Das Werk Franz Curtis.

op. 2. Sechs Männerquartette (der Dresdner Liedertafel gewidmet):   1, 2, 3
     1. Sonntagmorgen (A. Muth).
     2. „Wenn ich wär' der Mondenschein" (Anton Curti).
     3. „Ich hab' im Traum geweinet" (Heine).
     4. Mein Schatz (J. Stinde).
     5. Das Bächlein (A. Muth).
     6. „Min Anna is en Ros so rot" (Klaus Groth).

op. 3. Drei Lieder für eine hohe Singstimme mit Klavierbegleitung:
     1. Mein Liebchen (Th. Gampe).
     2. „Still mein Hannchen" (Wiegenlied) von Klaus Groth.
     3. „Lass mich dir sagen" (Jul. Wolff).
        Emil Götze gewidmet.   2, 3

op. 4. Drei Männerquartette :
    1. „Ihr Vöglein, du Wald und du Sonne".
    2. „Sahst du die Sonne sinken".
    3. „Alle Blumen möcht' ich binden".   2, 3

op. 5. Drei Lieder für eine hohe Singstimme mit Klavierbegleitung:
    1. „Husch! Husch!" (Jul. Wolff).
    2. Frühlingsgruss.
    3. Kindermund (Mia Holm).
    Der sächsischen Kammersängerin Clementine Schuch gewidmet.

op. 6. „Am See" (F. A. Muth) für eine Singstimme und Violine mit Piano-
    forte, davon mannigfache Arrangements.   4, 2

op. 7. „Ave Maria", Duett für Sopran und Alt (Solo und Chor) mit Orgel-
    oder Harmonium- oder Klavierbegleitung; dem Kapellknabenchor
    der katholischen Hofkirche zu Dresden gewidmet.   4, 2

op. 8. „Zweifacher Frühling" (A. Muth), vierstimmiger Männerchor (Solo und
    Chor); dem Universitätssängerverein zu St. Pauli in Leipzig
    gewidmet.   5

op. 9. „Die Gletscherjungfrau". Eine Schweizersage von Margarethe Wittich.
    Für Solostimmen, Chor und Orchester.   5

op. 11. Seligkeit (Jul. Wolff). Lied für eine Singstimme und Pianoforte.   6

op. 12. Vier Männerquartette :
    1. Gute Nacht (Spielhagen).
    2. Selige Zeit. Im Volkston (Veit).
    3. „O, sag nicht Nein, wenn ich dich frage" (G.).   6

op. 13. Zwei Lieder für eine Singstimme mit Klavierbegleitung :
    1. „Mir ist, als müsst' ich Dir was sagen".
    2. Augenbotschaft (Fr. Baltzer)·   7, 8, 9

op. 16. „Der Maria Wiegenlied" (virgin marys cradle song); aus dem
    Spanischen von Lopes de Vega, deutsch von Günther Walling
    (Dresden), englisch von Frank Siller (Milwaukee), für eine Sing-
    stimme mit Begleitung des Pianoforte.   8

op. 17. Frieden der Nacht. Männerchor.

op. 18. Zwei Männerchöre :
    1. Die Nacht (Martin Greif), fünfstimmig · mit Bass-Solo.
    2. Morgendämmerung (Martin Greif).   10, 11, 9

op. 36. „Im Sturm" (E. H. Jahn), Preischor für Männerstimmen;
    für den Gesangswettstreit zu Bochum zur Feier des 25. Stiftungs-
    festes des Männergesangvereins Eintracht.   12

op. 37. Zwei Männerchöre im Volkston :
    1. „Stets denk ich zurück" (Zeise).
    2. Trinklied (Tappert).   13

op. 38. Zwei Schweizerlieder für Männerchor:
    1. Sankt Jakobslied (Friedrich Oser).
    2. „s'ist gar net lang" (schweizerisch), Kanon im Volkston.
    Der Schweizer Studentenschaft gewidmet.   12

op. 39.
op. 40. } Zwei Preiswettgesänge für Männerchor:
    „Wolken hast du wie der Himmel", aus der Übersetzung der
    spanischen Coplas von Edmund Dorer.
    Wanderers Liebe (Georg Irrgang).   14

op. 41. Zwei neue Volkslieder für Männerchor:
    1. O Elslein (L. Senfl).
    2. Klagelied (Friedrich Storck).
    Dieselben auch für gemischten Chor.   15

op. 42. Zwei Männerchöre:
    1. Wanderlied (Konrad.)
    2. Die Schänkin (Karl Stelter).   16

op. 44. „Die Elfe" (Edmund Dorer), Ballade für Männerchor.   12

op. 45. „Die Schlacht" (Friedrich von Schiller), dramatisches Chorwerk für
    4 Soli, 8 (16) Solobässe, Männerchor und Orchester.
    Dem Crefelder Sängerbund gewidmet.   15

op. 46. „Des Sängers Fluch" (L. Uhland), Ballade für Männerchor.
    Dem Dresdner Lehrergesangverein gewidmet.   14

op. 50. „Den Toten vom Iltis" (Albert Mattaei), Männerchor.
    Dem Andenken der am 23. Juli 1896 mit dem Kanonen-
    boot „Iltis" heldenmütig untergegangenen deutschen
    Krieger.
    Vom „Arion" New-York beim Besuch des Prinzen Heinrich
    vorgetragen.   17

op. 50. Zwei Lieder für gemischten Chor:
    1. Sei stille.
    2. „Wie heilig bist du" (A. Büttner).   15

op. 51. „So lange der deutsche Eichenwald braust", ein Bismarcklied.   15

op. 52. „Ein Sohn fürs Vaterland" (Carmen Sylva), Männerchor.   18

op. 53. „Schneeblumen" (H. Seidel), Lied für Sopran mit Klavierbegleitung.
    Der Kammersängerin Erika Wedekind gewidmet.   15

op. 54. „Am Grab der Mutter", Männerchor (Günther Walling).   18

Ohne Opuszahl.

Zwei Preiskompositionen für vierstimmigen Männerchor
    1. Humoreske. Ritornell (Dr. J. Hirschberg).
    2. Die Wasserlilie (M. Vollhardt-Wittich).   19

Hoch empor (Mahlmann), Männerchor.   20

Hoffe Herz (Mahlmann), Männerchor. 20
Im goldnen Adler (Ernst Eckstein), Scherzlied für eine Singstimme mit Klavier-
    begleitung. 6
Zwei Männerchöre:
    1. Frühlingsstürme (Arthur Schreyer).
    2. „Mein ist die Welt" (Jul. Gersdorff), herausgegeben von
        Friedrich Brandes (nachgelassenes Werk). 11

Opern.

„Hertha". Grosse Oper in vier Aufzügen von M. Vollhardt-Wittich. 15, 11
„Erlöst". Drama in einem Aufzuge von M. Vollhardt-Wittich. 15, 11
„Lili-Tsee". Japanisches Märchen in einem Aufzuge von Wolfgang Kirchbach. 21

Anmerkungen des Verfassers.

1. Die beigefügten kleinen Zahlen geben den Verlag der betreffenden Komposition an
laut nachfolgender Verlegertafel. Bei doppelten und dreifachen Zahlen handelt es
sich um Verlagsänderungen.
2. op. 50 findet sich wohl durch ein Versehen Curtis doppelt vertreten.
3. Curtis Chorwerk „Die Schlacht" erscheint im Frühjahr 1909 in einer von Professor
Friedrich Brandes besorgten Umarbeitung, die von den vier Solisten nur den Tenor
beibehält und die Solobässe zu einem kleinen Basschor vereinigt, im Verlag von
J. Günther (Dresden).

1 Conrad Glaser, Musikalienverlag, Leipzig.
2 Georg Neumann, Dresden.
3 A.-G. Lichtenberger, Leipzig.
4 Otto Wernthal, Berlin.
5 Fr. Kistner, Leipzig.
6 Ad. Brauer (F. Plötner), Dresden.
7 A. Gräbner, Göttingen.
8 Praeger & Meier, Bremen.
9 Gnevkow, Berlin.
10 Gräbner & Alban, Halle.
11 J. Günther, Dresden.
12 Rob. Forberg, Leipzig.
13 P. J. Tonger, Cöln.
14 Verlag von F. E. C. Leuckart, Constantin Sander, Leipzig.
15 Commissionsverlag H. Bock, Dresden.
16 C. F. W. Siegels Musikhandlung, Leipzig.
17 J. L. Rebberts Verlag, Bochum i. W.
18 Verlag des Männergesangvereins Liederfreund, Bochum i. W.
19 Gebrüder Hug, Zürich und Leipzig.
20 Zweifel & Weber, St. Gallen.
21 Breitkopf & Härtel, Leipzig.

Manuskripte.

„Das Rösli vom Säntis". Eine Schweizeroper in drei Akten.

Dichtung und Musik von Franz Curti.

(Der Klavierauszug dieser Oper erscheint im Frühjahr 1909 bei J. Günther, Dresden).

Schauspielmusik zu „Semele" von Friedrich Schiller.

Schauspielmusik zu dem Drama „Die letzten Menschen" v. Wolfg. Kirchbach.

Schauspielmusik zu dem Drama „Schneefrid" von Holger Drachmann.

Daraus zusammengestellt die Schneefrid-Suite für grosses Orchester:

1. König Harald.
2. Schneefrid.
3. Methornreigen.
4. Schneefrids Grablegung, Trauermarsch.

Adventslied für Chor und Orchester.

Männerchöre:	„Vertraue". „Gott will es, du sollst glücklich sein". Der tote Soldat.
Kinderchöre:	Ehre sei Gott in der Höhe. Heil'ge Nacht auf Engelsschwingen. Ave regina.
Lieder:	Klagelied. Spanische Romanze. Mich treibt mein Geschick. Schlummerlied (Ed. Glomme). Der Totenkranz (Carmen Sylva).

Trio op. 15 für Klavier, Violine und Violoncell.

Orchesterwerke:	Sinfonie in B-dur op. 14. Die Schweiz, Suite für kleines und grosses Orchester. Scherzo für Streichorchester, Harfe und Triangel. Marsch in Es-dur. Klagelied.

Zu dieser Ausgabe

Franz Curti zählt zu den vielen zu Unrecht vergessenen Komponisten des 19. Jahrhunderts. Erst langsam wird sein Werk wieder zum Erklingen gebracht – vor allem in seinen beiden Heimatorten, dem Schweizerischen Rapperswil und der sächsischen Landeshauptstadt Dresden.

Ich selbst bin erst durch die Recherchen zu meinem Buch „Dresden – 500 Orte der Musik" auf diesen Musiker aufmerksam geworden, der in Dresden schon zu Lebzeiten nicht die Anerkennung erhalten hatte, die er verdiente, wie schon im Nachruf in den Dresdner Nachrichten vom 07.02.1898 deutlich wird.

Die erste Biographie über Curti verfasste der Komponist, Pianist und Musikschriftsteller Hans Jelmoli (1877-1936). Sie erschien 1900 im 88. Neujahrsblatt der Allgemeinen Musikgesellschaft in Zürich. Im 97. Neujahrsblatt wurde diese Biographie in aktualisierter Auflage veröffentlicht. Ein im Besitz des Herausgebers befindliches Exemplar diente dieser Reprint-Ausgabe als Grundlage.

Diese erste Biographie zeigt zwar einerseits schon die Distanz zu dem damals bereits verstorbenen Franz Curti, ist allerdings durch die Befragung von Zeitzeugen, insbesondere seiner Frau und seines letzten Verlegers noch sehr nahe an dem Musiker. Insofern ist diese auch eine wesentliche Quelle für die 2005 durch die Autoren Jean-Marie Curti und Gisela Dahl veröffentlichte Biographie.

Da beide Veröffentlichungen aktuell nur sehr eingeschränkt verfügbar sind, soll dieses Büchlein einen Beitrag dazu leisten, Leben und Werk Franz Curtis einem größeren Kreis bekannt zu machen.

Christoph Münch, M.A.

Dresden im September 2022

Christoph Münch

Von Rapperswil nach Dresden und zurück

[Zuerst veröffentlicht auf www.musik-in-dresden.de am 10.05.2022]

Unterhalb des Alpenpanoramas erhebt sich das Städtchen Rapperswil mit Burg und Kirche auf einem Felsen aus dem Zürichsee (Foto: Christoph Münch)

Eine Burg, ein Kloster und eine Pfarrkirche. Darunter eine idyllische kleine Altstadt mit Terrassenrestaurants. Beim Apéro kann man den Blick auf die kleinen Yachten und die Linienschiffe schweifen lassen, die vor dem eindrucksvollen Hintergrund der schnee-bedeckten Alpen warten, um auf dem Zürichsee ihre Bahnen zu ziehen. Das schmucke ruhige und gleichzeitig geschäftige Rapperswil, das seit seiner Zusammenlegung mit dem Nachbarort Jona insgesamt rund 27.000 Einwohner zählt, ist historisch eng mit Dresden verbunden. Das dreitägige Franz-Curti-Festival vom 29. April bis 1. Mai 2022 machte dies mehr als deutlich.

Drei Tage feierten die feine Gesellschaft von Stadt, Kanton Sankt Gallen und den Nachbarorten, bis hin zum Abt des in der Nähe gelegenen Klosters Einsiedeln, sowie Musikfreunde aus der Schweiz und auch aus Deutschland einen Musiker, der einerseits in Rapperswil seine familiären Wurzeln hatte, aber in Dresden den Großteil seines Lebens verbrachte und hier alle seine bedeutenden Werke schuf.

Franz Curti in Dresden

Franz Curti (1854-1898) kam bereits als 7-Jähriger nach Dresden. Sein Vater, Anton Curti, hatte es geschafft, Sänger des Dresdner Hoftheaters zu werden und sogar an der Uraufführung des »Tannhäuser« von Richard Wagner mitgewirkt. Bei allen Lebensstationen waren Rapperswil und Dresden, wo er sich 1880 als Zahnarzt endgültig niederließ, die Orte, die ihn am stärksten prägten. Er heiratete die Tochter des Dresdner Kunsthistorikers Friedrich von Bötticher. In Dresden wurden auch die vier Kinder des Paars geboren.

Zunächst wohnte die Familie in der Johannstädter Rietschelstraße 1. Auch sein pensionierter Vater wohnte in Dresden, wo er noch als Gesangslehrer tätig war: in der nur fünf Minuten entfernten Schulgutstraße 9 und zwei Jahre später in der nicht mehr existierenden Serrestraße 1 nahe dem Pirnaischen Platz. 1887 zog Curti mit seiner Praxis in die Moritzstr. 17.

Das Dresdner Adressbuch von 1889 bezeichnet ihn erstmals als „Zahnkünstler a[uch].Komponist". Denn in Altenburg hatte er mit der Uraufführung seiner Oper »Hertha« einen solchen Erfolg, dass er vom dortigen Herzog mit einem Orden ausgezeichnet wurde, was auch in Dresden nicht unbemerkt blieb. Dennoch, der Dresdner Tonkünstlerverein verwehrte ihm die Aufnahme: Zahnärzte könnten kein Mitglied der ehrenwerten Musikinstitution werden...

Franz-Curti-Straße in Oberloschwitz (Foto: Christoph Münch)

Am ersten April 1892 verlegte Curti seinen Wohnsitz in die Prager Straße 14. und 1895 in die erste Etage der nicht mehr existierenden Marschallstraße 8 – heute steht auf genau dieser Stelle der Wohnblock Steinstraße 1. Etwa gleichzeitig erwarb er die kleine Villa Friedau, Malerstraße 13 in Oberloschwitz. Hier entstand seine Oper »Lili-Tse«, in der Curti – vier Jahre vor Puccinis »Madama Butterfly«- den Aufprall von westlicher und japanischer Kultur thematisierte.

Sie war sein vielleicht größter Erfolg und wurde auch an der Metropolitan Opera in New York, in Boston und Chicago aufgeführt. In Loschwitz vollendete er auch seine Oper »Das Rösli vom Säntis«, die im Rapperswiler Festival nach vielen Jahrzehnten erstmals wieder zum Erklingen gebracht wurde.

Die Uraufführung am Züricher Stadttheater erlebte Curti nicht: er verstarb wenige Tage zuvor an einer Lungenentzündung, die er sich in Oberloschwitz bei der Gartenarbeit zugezogen hatte. Die Dresdner Nachrichten widmeten ihm einen Nachruf: *„Mit ihm ist ein reiches Talent erloschen, ohne die redlich verdiente Anerkennung gefunden zu haben, denn leider zählte er zu jenen seltenen Künstlern, denen es nicht gegeben ist, um die Gunst hoher Protektoren zu betteln und um den Beifall der Menge zu ringen. [...] Bedeutend waren seine sinfonischen Arbeiten, von denen einige die Auszeichnung erfuhren, in den Sinfonie-Concerten der Königl. Kapelle aufgeführt zu werden, und ganz hervorragend war Curti auf dem Gebiete der Chorkomposition."* Der Rezensent würdigte den Musiker, in dessen „Opern-Partituren mehr Talent und Musik steckt, als in mancher sogenannten Musiktragödie. Und dabei mußte der beklagenswerthe Künstler das tägliche Brot auf ganz anderem Gebiete suchen und verdienen, denn als Komponist hätte er leider nicht annähernd die Mittel gefunden, seine zahlreiche Familie zu ernähren.*

So war er des Tages über als Zahntechniker fleißig und thätig und nur in der übrigen Zeit, meist Nachts, konnte er seiner über alles geliebten Kunst dienen. Sein Tod wird die Dresdner Künstlerkreise schmerzlich berühren, denn er war nicht nur ein wirkliches Talent, sondern auch einer der liebenswürdigsten, ehrlichsten und rechtschaffendsten Menschen!"

Franz Curti
1854–1898

Das Medaillon, das einst Curtis Grab auf dem Tolkewitzer Friedhof zierte, ist nun am Rapperswiler Fischmarktplatz angebracht (Foto: Christoph Münch)

Nach Curtis Tod, erreichte seine Frau, dass ein nahe der Villa Friedau gelegener Weg „Franz-Curti-Straße" benannt wurde. Der Dresdner Bildhauer Richard Daniel Fabricius schuf das Medaillon für Curtis Grab auf dem Tolkewitzer Friedhof. Als dieses aufgelöst wurde, verwahrten es die Nachkommen. Seit April 2022 schmückt es die Wand eines mit der Familie verbundenen Hauses auf dem Rapperswiler Fischmarkt.

Der Blick des Dresdner Musikers, der in seinem Herzen immer ein Rapperswiler war, ist auf den Zürichsee gerichtet, auf dem man eine Insel erkennen mag, die Curti 1898 in seiner Mittelalter-Oper »Reinhard von Ufenau« musikalisch würdigte. Nur wenige Schritte sind es zum Curti-Platz, an dem eine Tafel an weitere Persönlichkeiten aus der einst aus Mailand in die Schweiz eingewanderten Familie erinnert.

Die Curti Pflege

Nach Angaben der NZZ vom 21.12.1906 ging der Curti-Nachlass weitgehend an den Musikverlag Josef Günter. Dieser Verlag war bis 1939 in der Ziegelstraße nachgewiesen. Ab 1940 steht in den Adressbüchern der Musikalienhändler Franz Bartl. Es ist anzunehmen, dass Josef Günther im Rahmen der Arisierung seinen Verlag verloren hat. Das Gebäude und wahrscheinlich auch das Verlagsarchiv wurden am 13. Februar 1945 vollständig zerstört. Die musikalisch interessierten Nachkommen Curtis konnten sich nicht damit abfinden, dass das Werk Ihres Vorfahrens in Vergessenheit geriet. Vor allem Jean Marie Curtis sammelte die erhaltenen gedruckten Werke in Bibliotheken und dirigierte 2008 auch ein großes Konzert.

Das Festival

Der erste Abend des Festivals in dem stimmungsvollen Saal der Rapperswiler Burg mit Blick auf den Zürichsee machte die Bedeutung Curtis für die Schweizer Musikgeschichte und auch die Verbindungen nach Dresden deutlich. Die Musikwissenschaftler Basil Vollenweider und David Schwarb moderierten lebendig und im Wechsel zwischen Schwytzerdütsch und Hochdeutsch durch das Leben und Werk Curtis. Die Rapperswiler Sängerin Sybille Diethelm brachte mit ihrem schlanken Sopran einige Lieder zu Gehör – mit dem notwendigen romantischen Gestus, ohne dabei je ins allzu Sentimentale abzugleiten.

Über die Hälfte seines Schaffens hatte Franz Curti Männerchören gewidmet. Dass vieles davon auch heute noch wert ist, gesungen zu werden, zeigte der Männerchor Alpstee Brülisau im Anschluss. Schließlich wurde, ebenfalls begleitet von der Pianistin Fabienne Rober, eine moderierte Kurzfassung der Oper »Reinhard von Ufenau« gegeben, ein Werk, das aufgrund seines Librettos von der damaligen Kritik zerrissen wurde. Während sich die bisweilen an Richard Wagner erinnernden Melodielinien und musikalische Dramatik Zeugnis von Curtis kompositorischer Intuition und Meisterschaft abgaben, so musste sich der Zuhörer die Farbigkeit des Orchesterklangs hinzudenken.

Umso stärker wurde dies bei der konzertanten Aufführung der Oper »Das Rösli vom Säntis« deutlich, zumal Patrick Froesch in seiner Doppelrolle als Pianist und Co-Dirigent – neben dem künstlerischen Leiter Jean-Marie Curti bei der Ouvertüre wenig Gestaltungswillen zeigte und diese daher sehr blass wirkte.

Überzeugend war die Sängerbesetzung, vor allem Yanis Benabdallah als Franz. Sein Freiheitsgesang geriet zur mitreißenden Suggestion, sein Liebesduett mit Rösli zu dramatischer Leidenschaft italienischer Manier.

Die lyrische Sopranistin Anne-Cécile Laurent als Rösli konnte ebenfalls stimmlich überzeugen. Mit warmen Timbre gestaltete sie bestens die Facetten der Rolle vom unschuldigen, gehorsamen und verstoßenen Mädchen zur leidenschaftlich Liebenden. Ein besonderer akustischer Genuss war Sara Gos in der Rolle von Röslis Bruder Hansel. Ihr Soubrettensopran entfaltete sich besonders in der Szene, als Hansel im Säntisgebirge nach seiner Schwester sucht, jodelnde Rufe nur auf das dreifache Echo stoßen und er sich mit einem heimatlichen Lied Mut macht, bis er schließlich auf Rösli trifft.

Curtis Oper greift das Flair der rauen, einsamen Schweizer Bergwelt auch musikalisch auf. Mit Hörnern, Glocken und Zithern wird die Musik folkloristisch unterstützt, dazu ein Leitmotiv, das mehrfach erklingt und dem Zuhörer noch über die Veranstaltung hinaus im Ohr bleibt. Die fehlende Bühnenaktion wurde im Rahmen des Festivals kongenial durch Jean-François Baudé ersetzt, der life mit Kohlestiften Bühnenhintergründe und Szenen entwarf, verwischte, veränderte und neugestaltete, was live auf einen großen Bildschirm übertragen wurde. Aufgrund der Länge des Werks und des späten Beginns des Konzerts wurde leider die Schlussszene kurzerhand gestrichen. Wie erst müsste diese Oper wirken, wenn sie mit vollem Orchester in der Bergkulisse der Felsenbühne Rathen aufgeführt würde!

Den Abschluss des Festivals bildete die Aufführung der dramatischen Kantate »Die Gletscherjungfrau«. Die Handlung ist eine Schweizer Version der Tannhäuser-Geschichte. Über 130 Mitwirkende drängten sich unter der musikalischen Leitung von Grégoire May und Jen-Marie Curti in den Kreuzsaal Jona. Leider konnte der Rezensent diese Aufführung nicht besuchen. Eine existierende Aufnahme der des ersten Teils, die Jean-Marie Curti 2005 in Genf eingespielt hat, deckt Schönheiten wie Schwächen des ersten dramatischen Werks von Franz Curti auf: noch wechseln sich hier in der Komposition übertriebenes Pathos und zu starke Leichtigkeit ab.

Insgesamt bot das Curti-Festival auch mit den reduzierten Fassungen der großen Opern einen hervorragenden Eindruck vom Werk dieses Dresdner Komponisten, der seine Schweizer Heimat immer im Herz bewahrte. Es machte deutlich, wie wichtig es wäre, das Werk Franz Curtis in dessen zweiter Heimat Dresdens neu zu entdecken.

Der Rapperwiler Hauptplatz mit Franz Curti Ehrung (Foto: Christoph Münch)

Buchempfehlungen:

Franz Curti - eine Biographie
Von Jean-Marie Curti und Gisela Dahl.
Edition Opéra-Studio Genève, 2005.
Taschenbuch, 240 Seiten, (viersprachig: D, F, I, E)
Erhältlich über www.franzcurtifestival.ch/shop

Dresden - 500 Orte der Musik
von Christoph Münch
Verlag: Books on Demand, 2020/2021
624 Seiten
Premium Edition (Hardcover) ISBN: 9783752670271,
Paperback ISBN: 9783752670257
http://dresden500.christoph-muench.de

DRESDEN ist unbestritten eine Stadt der bildenden Künste. Trifft das in gleichem Maße auch auf die Musik zu? Seit 1994 lebt der Autor in Dresden und stellte sich immer wieder die Frage: Was macht Dresden als Musikstadt aus? Die Musikgeschichte der Stadt wurde schon oft beleuchtet: Zahlreiche Werke widmen sich der Staatskapelle, der Semperoper, dem Kreuzchor oder der Frauenkirche. Doch was und wer ermöglichte das Musikleben in seiner Vielfalt, Breite und Qualität? Wo haben die Künstler gewirkt? Wo haben sie mit ihren Familien gelebt?

Dieses Buch unternimmt den Versuch einer musikalischen Topographie der Sächsischen Landeshauptstadt. Die Spurensuche war für den Autor eine Entdeckungsreise durch eine Stadt, bei der die Zerstörungen von 1945 scheinbar auch viele Erinnerungen ausgelöscht haben. Sie führt anhand der Wohnorte, Wirkungsstätten oder Grabstellen zu Komponisten, Sängerinnen und Sängern, Instrumentalisten oder den Menschen, die den Künstlern die Podien boten.

In Selbstzeugnissen und Berichten von Zeitgenossen, aber auch durch 884 s/w sowie 18 (Paperback) bzw. 130 (Premium-Edition) farbigen Abbildungen werden diese für uns in ihrer Kunst und ihrem Leben wieder lebendig.

Den Leserinnen und Lesern begegnen Musikschaffende, die Liebe, Freundschaft und höchste Wertschätzung erfahren haben, aber auch Kritik und Intrigen. Manche werden heute noch gefeiert, andere sind in Vergessenheit geraten.

Dieses Buch will Geschichte durch Geschichten vermitteln und damit auch einen Beitrag zur Dresdner Erinnerungskultur leisten. Folgen Sie dem Autor durch Dresdens Stadtteile und erhalten auch Sie Antworten auf die Frage, was Dresden als Musikstadt ausmacht.